CONTRATOS INTERNACIONAIS
A autonomia da vontade na definição do direito material aplicável

JULIANO CARDOSO SCHAEFER MARTINS

CONTRATOS INTERNACIONAIS
A autonomia da vontade na definição do direito material aplicável

Dados Internacionais de Catalogação na Publicação (CIP)
(Câmara Brasileira do Livro, SP, Brasil)

Martins, Juliano Cardoso Schaefer
    Contratos internacionais : a autonomia da vontade na definição do direito material aplicável / Juliano Cardoso Schaefer Martins. — São Paulo : LTr, 2008.

    Bibliografia.
    ISBN 978-85-361-1111-7

    1. Autonomia da vontade 2. Contratos (Direito internacional) 3. Direito material 4. Relações internacionais I. Título.

08-00411   CDU-347.44:341.5

Índices para catálogo sistemático:
    1. Contratos internacionais : Direito internacional privado 347.44:341.5

© Todos os direitos reservados

EDITORA LTDA.

Rua Apa, 165 - CEP 01201-904 - Fone (11) 3826-2788 - Fax (11) 3826-9180
São Paulo, SP - Brasil - www.ltr.com.br

LTr 3591.6   Março, 2008

Dedico
a minha esposa, **Ana Carolina**

SUMÁRIO

Lista de abreviaturas 9
Apresentação – *José Isaac Pilati* 11
Prefácio – *César Amorim Krieger* 13
Introdução 15

Capítulo 1
OS CONTRATOS INTERNACIONAIS

1.1 Internacionalidade dos contratos 19
    1.1.1 Considerações históricas 19
    1.1.2 Algumas visões e critérios de percepção da internacionalidade dos contratos 22
    1.1.3 Natureza jurídica e conceituação de contrato internacional comercial 25
1.2 Formação dos contratos internacionais 31
    1.2.1 Conceito e encontro das partes 32
    1.2.2 Negociação, decisão e contrato definitivo 34
1.3 Limites à contratação internacional 40
    1.3.1 A globalização e a nova ordem econômica internacional ... 40
    1.3.2 Dificuldades na elaboração e limites para os contratos internacionais comerciais 48

Capítulo 2
O PRINCÍPIO DA AUTONOMIA DA VONTADE

2.1 Critérios da autonomia da vontade 57
    2.1.1 Notas introdutórias acerca das origens histórico-filosóficas ... 57
    2.1.2 Considerações sobre a vontade 68
2.2 A autonomia da vontade como um princípio 71
    2.2.1 Particularidades na origem conceitual 71

2.2.2 Síntese conceitual e alguns aspectos dos limites à contratação em geral 74
2.3 Limites à autonomia da vontade 77
    2.3.1 Considerações aos limites da autonomia da vontade na contratação internacional 77
    2.3.2 As normas de ordem pública e as imperativas 81

Capítulo 3
O DIREITO MATERIAL APLICÁVEL
AOS CONTRATOS INTERNACIONAIS

3.1 A evolução da autonomia das partes no direito material aplicável aos contratos internacionais 95
    3.1.1 Surgimento, apreciação do problema e a definição da lei aplicável (critérios gerais) 95
    3.1.2 Contratos entre partes presentes e ausentes 106
    3.1.3 A questão no Brasil: principais interpretações, críticas e exceções à regra do art. 9º do Decreto-lei n. 4.657/1942 .. 109
3.2 Algumas questões no Mercosul 118
    3.2.1 O critério da autonomia em países do Mercosul 118
    3.2.2 A questão da autonomia no Protocolo de Buenos Aires sobre Jurisdição Internacional em Matéria Contratual (aspectos fundamentais) 121
3.3 Tendências e alternativas à aplicação da autonomia aos contratos internacionais 125
    3.3.1 Aspectos destacados da autonomia da vontade na Lei de arbitragem brasileira (n. 9.307/1996) e na Convenção sobre Direito Material Aplicável aos Contratos Internacionais (CIDIP V – México/1994) 126
    3.3.2 A autonomia da vontade nas regras de governança corporativa e em alguns julgados no Brasil 129

Considerações finais 137
Referências 143

LISTA DE ABREVIATURAS

art. — artigo
arts. — artigos
CC — Código Civil Brasileiro
CIC — Contratos Internacionais Comerciais
CLT — Consolidação das Leis do Trabalho
CPC — Código de Processo Civil
CRFB — Constituição da República Federativa da Brasil de 1988
DIPr — Direito Internacional Privado
DOU — Diário Oficial da União
INPI — Instituto Nacional de Propriedade Industrial
LICC — Lei de Introdução ao Código Civil Brasileiro
OEA — Organização dos Estados Americanos
RT — Revista dos Tribunais
EUA — Estados Unidos da América
PT — Portugal
STF — Supremo Tribunal Federal
STJ — Superior Tribunal de Justiça
Trad. — Tradução
U$ — Dólares Americanos

APRESENTAÇÃO

O Curso de Mestrado em Relações Internacionais para o Mercosul, oferecido pela Universidade do Sul de Santa Catarina – Unisul, em Florianópolis, tem sido palco de um grande esforço de pesquisa, e a contribuição deste livro de *Juliano Cardoso Schaefer Martins* é mais uma prova disso.

Em três capítulos, muito bem articulados, o autor, agora Mestre em Relações Internacionais, ocupa-se de um tema da maior importância, em tempos de globalização da economia e fortalecimento de blocos regionais. Enfrenta, com muita competência, a questão dos contratos internacionais com seu regime jurídico, perante a autonomia da vontade como princípio.

O leitor depara-se, no primeiro capítulo, com os aspectos históricos e conceituais do contrato internacional, e principalmente, com os critérios de percepção da internacionalidade. No segundo, com a autonomia da vontade, desde a origem histórico-filosófica, até sua dimensão principiológica e seus limites, em especial perante as normas de ordem pública apontadas pelo Direito Internacional Privado.

No arremate, no último capítulo, o texto é mais denso, tratando da questão do direito aplicável aos contratos internacionais. Examina os casos de Brasil (com sua Lei de Introdução) e Mercosul (com seu Protocolo de Buenos Aires), e incursiona pelos campos específicos da arbitragem e da Convenção sobre Direito Material Aplicável aos Contratos Internacionais (CIDIP V – México/1994). O desenho de todo o arcabouço, assim concebido e demonstrado, encerra-se com a abordagem da autonomia da vontade no âmbito da Governança Corporativa.

O que se observa, em conclusão, é a escassez jurisprudencial no tema, pois as esferas de decisão pouco se pronunciam sobre a autonomia da vontade nos contratos internacionais. Ao que se percebe, no âmbito enfocado pela pesquisa, é que os próprios contratantes – incluindo sua assessoria jurídica – não têm lançado mão desse princípio, que é a alma do comércio e da iniciativa privada.

Assim, em tempos de submissão exagerada ao modelo estatal, o jovem autor está de parabéns pela intuição científica que revela, desde o seu primeiro livro. Em seu favor deve ser dito que toda a experiência do Direito Romano clássico, protagonizada pelos maiores mestres que a história do

Direito já conheceu, não passava de um grande sistema arbitral privado. A *ordo iudiciorum privatorum* absorveu as conquistas e assegurou o império sem a presença de Estado – nesses moldes que hoje conhecemos. Agora, a globalização renova o desafio desbancando o monismo jurídico, e ao que parece poucos são os autores que percebem, por intuição, e ajudam a projetar, pela pesquisa, a cara do futuro.

Por isso tenho muito orgulho em apresentar o primeiro livro de *Juliano Cardoso Schaefer Martins*, que efetivamente é Mestre.

José Isaac Pilati
CPGD/UFSC

PREFÁCIO

Com o crescente aumento das trocas comerciais internacionais, fato que vem sendo constatado desde o fim da Segunda Guerra Mundial, e diante ao complexo contexto mundial contemporâneo em que os campos financeiro, político, econômico, turístico, social, criminal, ambiental e conflitos armados, entre outros, cada vez mais influenciam na interação entre os Estados e seus nacionais, a presente obra vem a tratar de um tema pontual que são os contratos internacionais, a sua autonomia da vontade e a definição do direito material aplicável.

Nesse contexto, esta obra do advogado e jurista *Juliano Cardoso Schaefer Martins*, neto de procurador legislativo e filho de desembargador, vem mantendo a bela tradição familiar, que é a devoção pelo estudo e labuta pelo Direito e o compartilhamento do conhecimento jurídico junto ao meio acadêmico, somado ao exercício da presidência da Comissão de Relações Internacionais da Ordem dos Advogados do Brasil, secção de Santa Catarina.

A presente obra inicia sua trajetória quando o autor freqüentava o Mestrado em Relações Internacionais para o Mercosul da Universidade do Sul de Santa Catarina, quando originalmente fora apresentada na qualidade de dissertação e devidamente aprovada com distinção e louvor por banca formada por este prefaciador-orientador e os eminentes juristas Professores Doutores *José Isaac Pilati* e *Luiz Otávio Pimentel*, ambos professores convidados do referido programa de mestrado e titulares do Curso de Pós-Graduação em Direito da Universidade Federal de Santa Catarina.

Encontramos na presente obra três capítulos que tratam num primeiro momento dos contratos internacionais em geral, contendo um interessante escorço histórico, a formação e limites à contratação internacional; após, o autor trata da questão relativa à autonomia da vontade, alguns de seus critérios, sua autonomia como um princípio e limites; por fim encontramos o direito material aplicável aos contratos internacionais, trazendo em seu bojo a legislação brasileira, normas do Mercosul e as tendências e alternativas à aplicação da autonomia aos contratos internacionais.

O autor merece todos os elogios por haver dedicado seus estudos a tão importante tema, obra esta que certamente estará junto a outras grandes obras da academia brasileira.

César Amorim Krieger
Professor da Universidade do Sul de Santa Catarina;
Diretor de Inteligência da SSP-SC;
Mestre em Direito do Comércio Internacional - Universidade de Exeter;
Doutor em Direito do Estado e Relações Internacionais - UFSC

INTRODUÇÃO

A questão da autonomia da vontade, nos contratos internacionais comerciais, tem sido objeto de intensa preocupação dos estudiosos do Direito Internacional Privado.

O comércio da era globalizada imprimiu nova dinâmica aos contratos, superando divergências ideológicas e impondo, em face dos avanços tecnológicos e da intensificação do intercâmbio de bens e serviços, um quadro bem mais desafiador aos particulares e à autonomia da vontade.

Em decorrência disso, os complexos sistemas de regulamentação de direitos obrigacionais nem sempre prevêem os problemas que podem decorrer dos acordos.

A difícil tarefa dos operadores do comércio internacional, assim, é garantir a manutenção do equilíbrio contratual entre as partes contratantes, diante das incertezas e alterações econômicas a que estão sujeitas e, principalmente, das carências provenientes da ausência de uma ordem jurídica supranacional, e bem assim, de elementos que possam delimitá-la.

Entende-se por equilíbrio contratual a possibilidade de execução do objeto do ajuste, em obediência a condições preestabelecidas, sem ocasionar prejuízo às partes, porque satisfeitos os objetivos propostos quando da celebração do acordo.

A autonomia da vontade, portanto, é o parâmetro para manter este equilíbrio contratual, relacionada que está à liberdade das partes para determinar a extensão do acordo e a norma regulamentadora das suas obrigações ajustadas.

É verdade, e deve ser destacado, que há limites impostos à autonomia da vontade das partes nos contratos internacionais comerciais, refletidos pelas normas de ordem pública e as imperativas. Deve-se antes de tudo observar se a norma adotada é válida dentro do arcabouço jurídico que está recepcionando o pacto. Tal é a dimensão de Direito Internacional Privado que acompanha qualquer acordo de vontade.

O tema aqui abordado circunscreve-se à autonomia da vontade na definição da lei aplicável aos contratos internacionais e seus reflexos no Brasil e no âmbito do Mercosul.

O problema central é formulado, com seus desdobramentos, diante da livre manifestação da vontade jurídica nos contratos internacionais, neste contexto: por vezes, faz-se necessária a aplicação de normas jurídicas estatais. O contrato pode referir a lei de um determinado país, estabelecer estrutura jurídica própria, remeter a solução ao Direito Internacional Público ou Privado, definir um novo sistema jurídico qualquer (*lex mercatoria*) ou, ainda, prever a combinação de todos estes fatores, porém, não escapa de uma previsão legal estatal, por menor que seja, diante de certas imposições do Direito Internacional Privado.

Como se procede, enfim, à escolha do sistema normativo para regular eventual conflito derivado de contrato internacional comercial, tendo em vista a preservação da segurança jurídica na definição dos interesses das partes contratantes?

Propõe-se que a norma a aplicar seja a resultante da convergência de interesses das partes, não obstante as grandes dificuldades e limitações existentes nas regras de colisão de leis no espaço.

Neste contexto, a autonomia da vontade não pode deixar de ser considerada, devendo ser respeitada e aplicada na solução do problema da norma aplicável ao caso concreto.

O objetivo, portanto, é de demonstrar que o princípio da autonomia da vontade, na definição do direito material, é aplicável aos contratos internacionais.

O livro é distribuído em três capítulos.

O primeiro trata dos contratos internacionais, enfocando os aspectos históricos e conceituais, especialmente os critérios de percepção da internacionalidade.

São traçadas linhas conceituais a respeito dos contratos internacionais e de sua evolução à forma contemporânea, com destaque para: o encontro das partes, a negociação, a decisão, o contrato definitivo, as influências do processo de globalização na constituição da nova ordem econômica internacional, as dificuldades na elaboração e os limites a estes impostos.

O segundo capítulo é dedicado ao estudo do princípio da autonomia da vontade. São lançadas notas introdutórias para a compreensão das suas origens histórico-filosóficas, breves apontamentos sobre a vontade, particularidades na origem conceitual, sumárias considerações aos limites da autonomia da vontade na contratação internacional e os reflexos ditados pelas normas de ordem pública e as imperativas.

O terceiro e último capítulo trata do direito material aplicável aos contratos internacionais e inicia pela referência à evolução da autonomia das partes, com enfoque no surgimento, na apreciação do problema e na definição da lei aplicável.

Na análise dos contratos internacionais, sugere-se a compreensão da questão pautada no Brasil (art. 9º da Lei de Introdução ao Código Civil – Decreto-lei n. 4.657/1942), com as suas principais interpretações, críticas e exceções.

São examinadas, também, algumas disposições no Mercosul, como o critério da autonomia em países do Bloco, e anotados seus pontos fundamentais no Protocolo de Buenos Aires sobre Jurisdição Internacional em Matéria Contratual.

Busca-se, ainda, tratar das tendências e alternativas à aplicação da autonomia, destacando aspectos da lei de arbitragem brasileira (Lei n. 9.307/1996), da Convenção Interamericana sobre Direito Aplicável aos Contratos Internacionais (CIDIP V - México/1994), das regras de governança corporativa e em alguns julgados no Brasil.

Ressalta-se que a abordagem efetuada não tem a pretensão de esgotar as vias de debate, mas apenas demonstrar a importância da autonomia da vontade na definição do direito material aplicável aos contratos internacionais comerciais.

Capítulo 1

OS CONTRATOS INTERNACIONAIS

1.1 Internacionalidade dos contratos; 1.1.1 Considerações históricas; 1.1.2 Algumas visões e critérios de percepção da internacionalidade dos contratos; 1.1.3 Natureza jurídica e conceituação de contrato internacional comercial; 1.2 Formação dos contratos internacionais; 1.2.1 Conceito e encontro das partes; 1.2.2 Negociação, decisão e contrato definitivo; 1.3 Limites à contratação internacional; 1.3.1 A globalização e a nova ordem econômica internacional; 1.3.2 Dificuldades na elaboração e limites para os contratos internacionais comerciais.

1.1 INTERNACIONALIDADE DOS CONTRATOS

A internacionalidade dos contratos será tratada com enfoque no conhecimento das suas considerações históricas, dos seus critérios, da sua natureza jurídica e da sua conceituação, buscando-se um breve apanhado no que se refere a cada um destes aspectos.

1.1.1 Considerações históricas

A evolução do comércio como instituição desde a Antigüidade, passando pelo feudalismo[1] até a formação do capitalismo[2], contribuiu para que as relações econômicas e sociais se tornassem mais complexas, fazendo-se necessária a sua regulamentação por meio dos contratos[3].

---

(1) Feudalismo: sistema feudal, conjunto das leis e costumes que regeram a ordem política e social de uma determinada parte da Europa, do fim da época carolíngia ao fim da Idade Média; consistia, de um lado, na predominância de uma classe de guerreiros e, de outro, nos laços de proteção de homem a homem, dissimulando o desaparecimento da autoridade pública. Todo poder econômico ou social que lembra a organização feudal: *feudalismo financeiro*. Cf. KOOGAN, Abrahão; HOUAISS, Antônio. *Enciclopédia e dicionário ilustrado*. Rio de Janeiro: Delta, 1995. p. 372.
(2) Confira a abordagem apontada no item 2.1.1.
(3) Cf. HUBERMAN, Leo. *História da riqueza do homem*. Trad. de Waltensir Dutra. 21. ed. rev. Rio de Janeiro: Guanabara, 1986. p. 25.

Humberto Theodoro Júnior[4] registra que o contrato confunde-se com a origem do Direito e evoluiu na mesma proporção em que os valores da civilização foram se afirmando e ampliando. Aponta-se que o aumento da circulação das riquezas e o crescente volume de negócios exigem, com maior constância, a utilização do contrato, cuja variedade de tipos acompanha a diversificação das relações humanas e comerciais[5].

O contrato, caracterizado como o negócio jurídico formado por pelo menos duas partes, encontra-se definido no Direito Civil como um instrumento jurídico para a constituição, transmissão e extinção de diversos direitos, em vários âmbitos das relações civis, comerciais, obrigacionais e econômicas[6].

O contrato, todavia, ultrapassa esses limites no seu conteúdo lógico, ético, sociológico, político-social, apresentando-se esquematizado na lei como um instrumento jurídico para a constituição, transmissão e extinção de diversos e infinitos direitos dentro da área econômica[7].

Independentemente do conceito de contrato utilizado, princípios universalmente aceitos e considerados fundamentais definirão alguns dos nortes desse instituto jurídico, a saber: a) o princípio da autonomia da vontade[8]; b) o princípio do consensualismo; c) o princípio da força obrigatória do contrato ou da obrigatoriedade da convenção; d) o princípio da relatividade; e) o princípio da boa-fé[9].

Tais princípios traçam diretrizes contratuais de suma importância para as partes envolvidas no acordo, principalmente na contratação internacional.

Essa, influenciada principalmente pelo liberalismo[10] econômico, erigiu o contrato a uma condição de instrumento jurídico por excelência da vida comercial mundial[11].

---

(4) Cf. THEODORO JÚNIOR, Humberto. *O contrato e seus princípios*. Rio de Janeiro: Aide, 1993. p. 11-12.

(5) *Ibidem*, p. 11-13.

(6) Cf. GOMES, Orlando. *Contratos*. 17. ed. Rio de Janeiro: Forense, 1997. p. 4-5.

(7) *Ibidem*, p. 4-5.

(8) O princípio da autonomia da vontade, pela importância temática relacionada à definição do direito material aplicável aos CIC, será destacado no segundo capítulo.

(9) Cf. DINIZ, Maria Helena. *Curso de direito civil brasileiro*: teoria das obrigações contratuais e extracontratuais. v. 3. 12 ed. rev. São Paulo: Saraiva, 1997. p. 31-37.

(10) O liberalismo foi a grande corrente econômico-política do século XIX. Seu enunciado fundamental consiste na manutenção do livre jogo das instituições, ou seja, a menor ingerência possível do Estado na vida econômica e privada do cidadão. Cf. SOIBELMAN, Leib. Liberalismo. *In*: *Enciclopédia do advogado*. 5. ed. rev. e atual. Rio de Janeiro: Biblioteca Universidade Estácio de Sá, 1995. p. 140.

(11) Cf. GOMES, Orlando. *Contratos*, p. 6.

No mundo contemporâneo, infinitas causas deram ensejo à modificação da noção de contrato. A principal delas foi a constatação de desequilíbrio entre as partes contratantes, que se tornou patente nos contratos de trabalho, gerando insatisfações. Essa desigualdade das partes provocou um tratamento jurídico-legal diferenciado ao contrato, dissociando a relação contratual do acordo de vontade e, por conseqüência, ocasionando a mudança quanto à rigidez do contrato[12]. Preocupava-se com a defesa dos aderentes, "(...) mediante normas legais que proibissem cláusulas iníquas"[13].

Cabe destacar que o contrato, antes de chegar ao seu novo contexto, já era aceito em diversas formas, inclusive na forma oral. Portanto, frisa-se que

(...) não é a forma escrita que o cria, mas o encontro de duas declarações convergentes de vontades, emitidas no propósito de constituir, regular ou extinguir, entre os declarantes, uma relação jurídica patrimonial de conveniência mútua[14].

Acerca do seu novo contexto determinado diretamente pela intervenção estatal na economia, *Orlando Gomes*[15] assevera que:

(...) o contrato apresenta duas importantes modificações em sua significação e em sua função: 1) deixa de ser simplesmente expressão da autonomia privada; 2) passa a ser uma estrutura de conteúdo complexo e híbrido, com disposições voluntárias e compulsórias, nas quais a composição dos interesses reflete no antagonismo social entre as categorias a quem pertencem os contratantes.

O fenômeno da contratação evolui e altera o quadro conceitual, não se caracterizando, exclusivamente, pelo surgimento de novas técnicas, "(...) nem pela consagração em princípios de suspeitas motivações para justificar a direção e controle da economia pelo Estado"[16], mas também no sentido de libertar o conceito de contrato da autonomia privada e incorporá-lo a outras fontes integrantes de seu conteúdo.

No processo histórico e evolutivo do comércio, que "(...) vem sendo através dos séculos, um fenômeno impulsionador da evolução cultural humana"[17], pode-se vislumbrar a universalização dos conhecimentos necessá-

---

(12) Cf. GOMES, Orlando. *Contratos*, p. 7.
(13) *Ibidem*, p. 8.
(14) *Ibidem*, p. 9-10.
(15) *Ibidem*, p.14-15.
(16) *Ibidem*, p.15.
(17) MELO, Jairo Silva. *Contratos internacionais comerciais e cláusulas* hardship. São Paulo: Aduaneiras, 2000. p. 16.

rios à própria viabilização da atividade comercial. Dentre estes encontram-se a moeda, a instituição de crédito, os meios de transporte, as telecomunicações e as comunicações em geral[18].

A forte influência do comércio nos rumos políticos e econômicos dos Estados fez com que a intervenção estatal passasse a ser reguladora dessa atividade, visando à proteção dos seus interesses e, conseqüentemente, de seus entes[19].

Essas diferenças de regimes legais, desníveis econômicos e de experiência das partes envolvidas representam um verdadeiro obstáculo para os contratantes internacionais, não se podendo esquecer do meio político vivido por cada um de seus países.

Não obstante tais fatores, sabe-se que o grau de desenvolvimento tecnológico, cultural e conhecimento profissional, incidem, indubitavelmente, no momento da formulação e pactuação de um contrato internacional[20].

1.1.2 Algumas visões e critérios de percepção da internacionalidade dos contratos

Numa perspectiva empírica[21], buscam-se, pela vivência em situações práticas, elementos que possam auxiliar na distinção entre os contratos de efeitos interno e internacional.

Exemplificando: um brasileiro vende a um espanhol, residente no Brasil, um barco de pesca, cujo pagamento deu-se em reais. Percebe-se, neste caso, a presença de um elemento estranho no contrato, qual seja, a nacionalidade estrangeira de uma das partes pactuantes. Porém, não se pode interpretá-lo como internacional, pois, da forma como foi realizada a venda, o contrato, apesar de conter um componente diferente (nacionalidade), não ultrapassou as fronteiras do Direito interno.

Tal visão apresenta restrições de segurança na definição da internacionalidade dos contratos, porquanto a simples inserção de um elemento que supostamente gere estraneidade ao contrato nem sempre fará com que este efetivamente seja internacional[22].

---

(18) Cf. MELO, Jairo Silva. *Contratos internacionais comerciais e cláusulas* hardship, p. 16.

(19) *Ibidem*, p. 15-16.

(20) Cf. RÍOS, Aníbal Sierralta. *Negociación y contratación internacional*. Asunción: Universidade Autónoma de Asunción, 1993. p. 140.

(21) Empírico: que se apóia exclusivamente na experiência e na observação, e não em uma teoria. Cf. KOOGAN, Abrahão; HOUAISS, Antônio. *Enciclopédia e dicionário ilustrado*, p. 304.

(22) Cf. BAPTISTA, Luiz Olavo. *Dos contratos internacionais*: uma visão teórica e prática. São Paulo: Saraiva, 1994. p. 13.

A visão doutrinária clássica[23], segundo *Luiz Olavo Baptista*, "(...) propôs que os contratos internacionais por natureza fossem divididos em duas categorias: objetivamente internacionais e subjetivamente internacionais"[24].

A primeira categoria englobaria operações essencialmente internacionais como, por exemplo: a exportação, o seu financiamento e a compra e venda de câmbio. A segunda abordaria qualquer operação, derivando a sua internacionalidade pelo fato de uma das partes ser residente no exterior[25].

Infelizmente tal enfoque doutrinário também não obteve maior êxito na efetiva distinção da internacionalidade dos contratos.

Detecta-se a presença de certa subjetividade nessas classificações doutrinárias, "(...) pois é o juiz ou intérprete que determinará, segundo critérios que lhe são próprios, a importância relativa do elemento estrangeiro do contrato"[26].

Dessa forma, "(...) a diferença entre as situações ditas subjetiva ou objetivamente internacionais reside unicamente na sua intensidade e não na sua essência"[27], o que resulta na busca de critérios econômicos e jurídicos, objetivando-se amenizar tal condição.

O critério econômico, baseado nas razões formuladas pelo Procurador Matter em 1927, na Corte de Cassação Francesa[28], teve sua inter-

---

(23) No Brasil, um autor, baseado em Elk e Rabinovitch, sugeriu critérios para a distinção entre contratos internos e internacionais, a partir de uma classificação destes últimos. Propôs a sua divisão por natureza em duas categorias, objetivamente internacionais e subjetivamente internacionais. Trata-se de Alberto Xavier, no ensaio intitulado: *Validade das cláusulas em moeda estrangeira nos contratos internos e internacionais*, in XAVIER, Alberto; MARTINS, Ives Gandra da Silva. (Coord.). *Estudos jurídicos sobre o investimento internacional*. São Paulo: RT, 1980. p. 1-21.

(24) BAPTISTA, Luiz Olavo. *Dos contratos internacionais*: uma visão teórica e prática, p. 14.

(25) *Ibidem*, p. 14.

(26) *Ibidem*, p. 14-15.

(27) *Ibidem*, p. 15.

(28) Quando do estudo do caso de "(...) emissão de notas (*billets*), pelo banco da França, que não eram tecnicamente moedas, era o ouro que tinha curso legal em razão de lei anterior, do 7 Germinal do ano 11 (28-3-1803), razão pela qual podia-se recusar o curso aos *billets du Banque de France*. Os portadores dessas notas podiam reclamar o reembolso em ouro a qualquer tempo nos cofres do banco. Ao ser adotado o curso forçado da moeda no entre-guerras, a jurisprudência francesa passou a distinguir entre os pagamentos efetuados na França por franceses e os pagamentos internacionais, e vê sua orientação ser consagrada pela lei de 25 de junho de 1925 (art. 2º, § 2). O critério, entretanto, era limitado e não respondia de modo adequado a todos os casos, gerando contradições da jurisprudência; mas de qualquer forma, refinou o conceito que veio a desaguar na fórmula do Procurador Matter, no caso Pellissier du Besset. Segue: Um inglês havia locado a um francês (Pellissier du Besset) um imóvel situado em Alger, e o contrato estipulava que o

pretação nas características de fluxo e refluxo de bens através das fronteiras[29].

Observou-se, mais tarde, que tal fórmula não era suficiente para a solução de conflitos derivados de contratos internacionais, por conter critérios rigorosos incapazes de abordar a realidade dos fatos contratuais.

A jurisprudência da mesma Corte de Cassação Francesa, poucos anos após o triunfo da doutrina Matter, acabou por alargar a fórmula do fluxo e refluxo, para asseverar que:

> (...) o caráter internacional de uma operação não depende necessariamente do domicílio das partes e do lugar estipulado para a sua execução, mas de todos os elementos que entram em linha de conta para imprimir aos movimentos de fundos que ela comporta um caráter que ultrapassa o quadro da economia interna[30].

Mais uma vez, vislumbra-se que este critério (doutrinário) apresenta solução aparente, resultando em uma fórmula tópica ou empírica e gerando a elaboração de "(...) inúmeras convenções internacionais objetivando a criação de critérios mais firmes e seguros para a determinação da internacionalidade dos contratos"[31].

O critério jurídico aparece nesse liame, visando a suprir a deficiência do critério doutrinário pela interpretação e aplicação das vias legislativas (trata-

---

aluguel seria pago em libras esterlinas em Londres ou em Alger, à escolha do locador. Matter argumentou nas suas razões finais que a locação desse imóvel não havia produzido na França nem a entrada de mercadorias, nem de moeda. A operação foi toda local, e o tomador deve submeter-se às leis de ordem pública da França. A defesa havia alegado que se tratava de um contrato internacional, por ter sido celebrado entre pessoas de diferentes nacionalidades (inglês e francês). Matter contra-argumentou, impugnando, que o critério da jurisprudência, até então adotado, e que não era pacífico, de considerar um contrato internacional em razão da nacionalidade das partes, porque esta noção muito simplista, evidentemente errônea, está hoje abandonada, e liga-se mais para a natureza da convenção, às conseqüências que ela produz sobre dois países diferentes. Para ser assim classificado é preciso que o contrato produza como um movimento de fluxo e refluxo sobre as fronteiras, e conseqüências recíprocas em um país e outro". BAPTISTA, Luiz Olavo. *Dos contratos internacionais*: uma visão teórica e prática, p. 15-16.

(29) Cf. BAPTISTA, Luiz Olavo. *Dos contratos internacionais*: uma visão teórica e prática, p. 16.

(30) *Cour de Cassation de France, arrêt de la Chambre civile*. 14.02.1934, *Recueil Périodique et Critique Dalloz*, 1934.01.73. *Apud*: BAPTISTA, Luiz Olavo. *Dos contratos internacionais*: uma visão teórica e prática, p. 17.

(31) BAPTISTA, Luiz Olavo. *Dos contratos internacionais*: uma visão teórica e prática, p. 17.

dos[32], normas internas e outros), pretendendo estabelecer o modo de classificar-se um contrato como internacional[33].

Apesar dos critérios adotados pelos tratados, doutrinas e jurisprudência internacional, para caracterizar determinada operação econômica como internacional, o que realmente importa, segundo *Batista*, é a presença do "(...) elemento de estraneidade que determina o caráter internacional do contrato"[34].

Assim, a internacionalidade dos contratos deve ser apurada mediante a análise do caso concreto. "Esse exame determinará a intensidade ou importância relativa do elemento estrangeiro naquela relação jurídica, do ponto de vista econômico e jurídico, afastando o empirismo da verificação"[35].

1.1.3 *Natureza jurídica e conceituação de contrato internacional comercial*

Em qualquer contrato torna-se indispensável para o operador jurídico o conhecimento de sua natureza jurídica, principalmente quando se trata de Contratos Internacionais Comerciais (CIC)[36].

A expressão natureza jurídica vem sendo utilizada com muito sucesso pelos manejadores do Direito, mas há uma certa dificuldade para se mencioná-la em seu sentido concreto, até mesmo na doutrina e jurisprudência[37].

Isso ocorre porque definir a essência, a substância do instituto do contrato, pelos seus requisitos ou atributos essenciais, "(...) a fim de delimitar o momento de organização da idéia que a expressão comporta"[38], não é uma tarefa fácil.

Strenger[39] descreve adequadamente a importância da caracterização da natureza jurídica dos institutos jurídicos, quando afirma que:

> (...) a primeira preocupação deve, pois, ser a realização de uma qualificação jurídica, ao menos aproximativa, do pressuposto fático que

---

(32) O uso da palavra tratado nos leva a crer que esta nomenclatura vem sendo utilizada como termo-padrão, ou ainda, que o Tratado é a expressão genérica para todos os tipos de acordos internacionais, podendo ser considerado, também, como uma convenção entre dois ou mais países referente a comércio, paz etc. Cf. PACÍFICO, Adrea Pacheco. *Os tratados internacionais e o direito constitucional brasileiro*. Brasília: Brasília Jurídica, 2002. p. 41.

(33) Cf. BAPTISTA, Luiz Olavo. *Dos contratos internacionais*: uma visão teórica e prática, p. 18.

(34) *Ibidem*, p. 21.

(35) *Ibidem*, p. 23.

(36) STRENGER, Irineu. *Contratos internacionais do comércio*. 3. ed. rev. e ampl. São Paulo: Ltr, 1998. p. 61.

(37) *Ibidem*, p. 61.

(38) MELO, Jairo Silva. *Contratos internacionais comerciais e cláusulas* hardship, p. 41.

(39) STRENGER, Irineu. *Contratos internacionais do comércio*, p. 64.

determina a experiência. Nenhuma operação de aplicação jurídica é concebível sem essa prévia qualificação dos fatos, uma vez que, somente mediante a separação entre as circunstâncias irrelevantes e as juridicamente significativas, pode-se chegar à identificação da natureza jurídica.

Portanto, reside nos CIC a questão relacionada aos fatos da negociabilidade, que, de certa forma, é comum a todos os demais contratos[40], constituindo "(...) a coluna mestra para o esclarecimento de sua natureza"[41].

Quanto à conceituação dos CIC há que se observar a multiplicidade de sistemas jurídicos e subsistemas, com seus âmbitos geográficos distintos, que criam uma verdadeira "Torre de Babel"[42].

Essa circunstância na concreção do Direito pode levar a um conflito potencial entre dois ou mais ordenamentos jurídicos diversos. Sempre que se celebre um negócio, podendo estar sob o império de um ordenamento ou de outro, ou afetar interesses tutelados por um deles, nasce o que se convencionou chamar conflito de leis, cuja causa é a existência da possibilidade de aplicação de diferentes ordenamentos, os quais convergem em uma determinada situação jurídica concreta. Nesse conflito, "(...) há duas ou mais relações jurídicas em potência"[43] e uma será realizada quando se determine a legislação destinada a regular aquela situação[44].

Ante essas considerações, pode-se vislumbrar a existência de uma certa dificuldade para se conceituar os contratos internacionais, em virtude de seus mecanismos de estruturação e interpretação, bem como de seus elementos distintivos dos contratos internos ou nacionais, nos quais estão inseridas outras regras de reconhecimento, dentre elas, aquela relativa ao domicílio das partes[45].

Para que qualquer contrato tenha eficácia, é necessário que contenha requisitos caracterizadores dos contratos em geral. Nos CIC torna-se indispensável a indicação da lei que será aplicada, pois envolverá partes regidas

---

(40) Cf. STRENGER, Irineu. *Contratos internacionais do comércio*, p. 65.

(41) *Ibidem*, p. 65.

(42) Cf. RÍOS, Aníbal Sierralta; BAPTISTA, Luiz Olavo. *Aspectos jurídicos del comercio internacional*. Lima: Editorial de la Academia Diplomática del Peru, 1992. p. 46.

(43) *Ibidem*, p. 46.

(44) *Ibidem*, p. 46.

(45) Cf. GARCEZ, José Maria Rossani. *Contratos internacionais comerciais*: planejamento, negociação, solução de conflitos, cláusulas especiais e convenções internacionais. São Paulo: Saraiva, 1994. p. 5.

por diversas legislações e, ainda que seja um acordo de vontades, poderá haver um litígio[46].

Reside nesse ponto um dos maiores problemas para a contratação internacional, que se caracteriza pela ausência não perfeitamente delimitada de qual Direito regerá a constituição contratual, qual a forma que deverá ser adotada e quais as conseqüências que serão produzidas no caso de haver um conflito contratual a ser resolvido[47].

José Rossani Garcez[48], corroborando esse pensamento, entende que nos diversos sistemas legais existem distinções "(...) de fundo e forma não só quanto à estrutura, mas, em especial, em relação à interpretação e solução de conflitos oriundos de tais contratos".

O conceito de contrato está contemplado e definido de distintas formas, de acordo com os diversos sistemas legais adotados pelos mais variados países[49].

Esse fato contribui para a dificuldade de conceituar-se os CIC, porque seria necessário resumir e sintetizar em tópicos todas as definições e circunstâncias que envolvam a problemática desses contratos pelo mundo afora[50].

Elucidando parte dessa problemática, *Santos*[51] assevera que

> (...) os contratos internacionais estão intimamente relacionados com a economia e com a política. Como conseqüência, encontram-se expostos às alterações destas. Quando os elementos que compõem um contrato, partes, objeto, lugar onde se pactua a obrigação, originam-se e realizam-se sob os limites geográficos de um único país, dizemos que estamos situados no âmbito interno das obrigações.

Assim, o Direito interno regulará todos os aspectos relativos à formação e às conseqüências do negócio jurídico que se produzem no âmbito interno. Já no internacional, existirá a possibilidade de diversas legislações pretenderem exercer seu controle. Bons exemplos são a lei do domicílio, a lei de

---

(46) Cf. SANTOS, José Alexandre Rangel dos. *Contratos internacionais do comércio*. Campinas, SP: Copola Livros, 1997. p. 11-12.
(47) Cf. RÍOS, Aníbal Sierralta; BAPTISTA, Luiz Olavo. *Aspectos jurídicos del comercio internacional*, p. 46.
(48) GARCEZ, José Maria Rossani. *Contratos internacionais comerciais*: planejamento, negociação, solução de conflitos, cláusulas especiais e convenções internacionais, p. 5.
(49) *Ibidem*, p. 5.
(50) Cf. SANTOS, José Alexandre Rangel dos. *Contratos internacionais do comércio*, p. 12.
(51) *Ibidem*, p. 13.

celebração do contrato (Lei de Introdução ao Código Civil Brasileiro - LICC, art. 9º)[52] e a lei do lugar de sua execução[53].

Entende-se, portanto, que os contratos internacionais do comércio não estão sujeitos unicamente à regulamentação do Direito interno, pois a atividade comercial transcende fronteiras de diversos países e possibilita a interdependência econômica. Ressalta-se que esse fenômeno não ocorre somente nos países em que predomina o sistema de economia de consumo, mas também acontece naqueles de economia planificada[54].

Então, "(...) por meio dos contratos e acordos celebrados reciprocamente entre importadores e exportadores que a corrente incessante de ingresso e saída de mercadorias e serviços pode ocorrer"[55]. Tal corrente caracteriza-se pela importação de matéria-prima, componentes e produtos, realizada por outros países simultaneamente com a exportação de equipamentos e máquinas, ou seja, de tecnologia.

Do contrário, quando as partes que configuram um contrato tiverem nacionalidade ou domicílios diferentes, em países distintos, ou quando o produto ou serviço objeto do contrato seja entregue ou prestado além dos limites de um país, estaremos no âmbito internacional.

Baseando-se em tais afirmações, pode-se concluir que uma das principais características dos contratos internacionais é o vínculo que possui com um ou mais sistemas jurídicos, bem como outros dados de estraneidade: o domicílio, a vontade da lei, a nacionalidade, etc[56].

Logo, pode-se afirmar que os contratos internacionais desenvolvem o intercâmbio de mercadorias, serviços e capitais entre empresas pertencentes a diferentes países.

Atualmente, a teoria geral dos contratos internacionais encontra-se em uma fase dependente da sistematização de proposições que permanecem isoladas, embora a consolidação esteja bem próxima[57].

Referida consolidação consiste em processo relativamente lento, porque depende, exclusivamente, "(...) do método indutivo único, capaz de pro-

---

(52) Art. 9º. Para qualificar e reger as obrigações, aplicar-se-á a lei do país em que se constituírem.

§ 1º. Destinando-se a obrigação a ser executada no Brasil e dependendo de forma essencial, será esta observada, admitidas as peculiaridades da lei estrangeira quanto aos requisitos extrínsecos do ato. § 2º. A obrigação resultante do contrato reputa-se constituída no lugar em que residir o proponente.

(53) Cf. SANTOS, José Alexandre Rangel dos. *Contratos internacionais do comércio*, p. 14-15.

(54) *Ibidem*, p. 14.

(55) *Ibidem*, p. 14.

(56) *Ibidem*, 14-15.

(57) *Ibidem*, p. 16.

duzir a globalização de conceitos. Este método, porém, exige um esmiuçamento das particularidades, e estas plenificam as relações negociais do comércio internacional"[58].

Melo adverte que essas novas técnicas de realização das operações comerciais, praticadas com maior freqüência e simplicidade, mesmo diante do amplo recurso ao crédito, "(...) tornam indispensável a adaptação das normas do Direito comum às características especiais dos negócios mercantis, que adota como um dos seus princípios, o informalismo, propugnando por uma agilidade na atividade comercial"[59].

Na expressão de *Frederic Pollock*[60], no início do século, na Universidade de Oxford, encontra-se uma definição de contrato nos padrões anglo-saxônicos:

O primeiro e mais essencial elemento de um contrato é o consenso entre as partes. Deve existir o encontro de duas mentes numa única e mesma intenção. Mas para que este consenso possa produzir um contrato que a lei reconheça, outras condições devem ser atendidas.

O contrato, segundo ele[61],

(...) deve ser, na antiga expressão inglesa, *an act in law*, ou seja, deve versar sobre matéria capaz de produzir efeitos legais. Ele deve relacionar-se com obrigações e direitos que possam ser tratados por uma corte de justiça.

Suzan Lee Zaragoza de Rovira[62], ao conceituar o contrato internacional, afirma que:

(...) também é um acordo de vontades, através do qual as partes contratantes visam alcançar um objetivo, porém difere fundamentalmente daquele, de direito interno, porque traz em seu bojo a potencialidade de ser enquadrado em mais de um sistema jurídico.

---

(58) SANTOS, José Alexandre Rangel dos. *Contratos internacionais do comércio*, p. 16.
(59) MELO, Jairo Silva. *Contratos internacionais comerciais e cláusulas* hardship. São Paulo: Aduaneiras, 2000. p. 43.
(60) POLLOCK, Frederic. *Principles of contract at law and equity*. New York: Baker, Voorhis & Company. s/d, p. 3. *Apud*: GARCEZ, José Maria Rossani. *Contratos internacionais comerciais*: planejamento, negociação, solução de conflitos, cláusulas especiais e convenções internacionais, p. 6.
(61) *Ibidem*, p. 6.
(62) ROVIRA, Suzan Lee Zaragoza de. *Estudo comparativo sobre os contratos internacionais*: aspectos doutrinários e práticos. *In*: RODAS, João Grandino (Coord.). *Contratos internacionais*. 2. ed. rev. e ampl. São Paulo: RT, 1995. p. 52-53.

Portanto, a diferença fundamental entre os contratos de Direito interno e o contrato internacional consiste no elemento de estraneidade, o qual pode ligar os CIC de maneira efetiva ou potencial a mais de um sistema jurídico[63].

Neste âmbito internacional, diversos são os elementos de conexão que podem aproximar os CIC a um sistema jurídico, como por exemplo, o domicílio ou a nacionalidade das partes contratantes, a capacidade destas, o lugar da celebração do contrato e o lugar do cumprimento das obrigações. Estes elementos podem, ainda, ser preestabelecidos pela vontade das partes, desde que tenham cautela na eleição da legislação aplicável no caso de haver um conflito, o que ocorre geralmente com a inserção de uma cláusula de arbitragem[64].

Conclui *Rovira*[65], relatando que

(...) o contrato internacional, em suma, praticamente se confunde com o próprio comércio internacional. Em razão das diferenças de sistemas legislativos e das valorações diversas que estes emprestam aos vários elementos de conexão, é evidente a possibilidade de conflitos de leis e complexidade do problema que tanto tem preocupado a doutrina.

Num mundo politicamente dividido em unidades autônomas, com uma população em expansão e economias interdependentes, os mecanismos do comércio internacional estabelecem-se e aperfeiçoam-se constantemente. Nada reflete melhor a dinâmica destes mecanismos do que a prática dos CIC, os quais se distinguem dos demais por vários elementos, inclusive porque, gradualmente, "(...) vêm requerendo outras normas de regência que escapam às figurações doutrinárias clássicas"[66].

Garcez[67] relata que, no Brasil, prevalecem os critérios

(...) caracterizadores da chamada corrente jurídica, (...) em que a internacionalidade do contrato se verifica quando contenha ele algum 'elemento de estraneidade', que pode ser o domicílio das partes, o local da execução de seu objeto ou outro equivalente.

---

(63) Cf. ROVIRA, Suzan Lee Zaragoza de. *Estudo comparativo sobre os contratos internacionais*: aspectos doutrinários e práticos, p. 53.
(64) *Ibidem*.
(65) *Ibidem*.
(66) GARCEZ, José Maria Rossani. *Contratos internacionais comerciais*: planejamento, negociação, solução de conflitos, cláusulas especiais e convenções internacionais, p. 7.
(67) *Ibidem*, p. 9.

Para *Strenger* constituiria um chauvinismo pensar que a distinção entre os denominados contratos internos e internacionais dependeria unicamente de fatores geográficos[68].

Apresenta ele a evidência de que um contrato caracteriza-se como internacional não apenas quando coloca na relação jurídica elementos estrangeiros, mas também quando reflete, em sentido amplo, a conseqüência do intercâmbio entre Estados e pessoas em diferentes territórios. Diferenciam-se, assim, os mecanismos usualmente utilizados pelas partes dentro de um único território e aqueles empregados transterritorialmente[69].

E assim definiu os contratos internacionais:

(...) são contratos internacionais do comércio, todas as manifestações bi ou plurilaterais da vontade livre das partes, objetivando relações patrimoniais ou de serviços, cujos elementos sejam vinculantes de dois ou mais sistemas jurídicos extraterritoriais, pela força do domicílio, nacionalidade, sede principal dos negócios, lugar do contrato, lugar da execução, ou qualquer circunstância que exprima um liame indicativo de Direito aplicável[70].

Ressalta, ainda, *Strenger*[71] que, paralelamente à multiplicação das leis imperativas dos Estados em prol de um dirigismo econômico e social, ocorre a criação de uma cadeia de relações contratuais que o Direito interno não teve a possibilidade de prever, advinda da crescente complexidade das relações econômicas e capitaneada pelo poder das empresas que dirigem o espaço internacional, diante da impotência dos Estados.

É justamente aí que se situam os CIC, como fenômeno contratual contemporâneo renovador e diversificador de tais relações.

Neste contexto, os CIC particularizam-se ainda mais, "(...) por se submeterem a diferenciados e especializados mecanismos de construção, execução, interpretação e solução de conflitos"[72].

1.2 FORMAÇÃO DOS CONTRATOS INTERNACIONAIS

A formação dos contratos advém com o encontro das partes interessadas no possível acordo comercial, devendo-se considerar "(...) a etapa mais

---

(68) Cf. STRENGER, Irineu. *Contratos internacionais do comércio*, p. 79-80.
(69) *Ibidem*, p. 80-81.
(70) *Ibidem*, p. 84.
(71) *Ibidem*, p. 71.
(72) GARCEZ, José Maria Rossani. *Contratos internacionais comerciais*: planejamento, negociação, solução de conflitos, cláusulas especiais e convenções internacionais, p. 9.

significativa do processo de ajuste de vontades, pelas conseqüências jurídicas que gera e pela eficácia vinculativa dos entendimentos"[73].

Na seqüência, será apresentado o conceito desta formação, bem como, alguns apontamentos sobre a negociação, a decisão e o contrato definitivo.

1.2.1 Conceito e encontro das partes

Segundo *Strenger*, a formação dos CIC "(...) confunde-se com todos os procedimentos preliminares, desde os primeiros contatos, sejam eles, uni ou plurilaterais"[74].

Sob um aspecto amplo, a formação dos CIC possui identidade com a formação dos contratos internos, porém é necessário instituir diferenciações decorrentes dos aspectos especiais do comércio internacional[75].

O aspecto determinante pode ser representado pelo afastamento de tais contratos dos formalismos legais, fazendo com que estes estejam mais unidos na esfera de maior liberdade contratual, donde resulta a importância da autonomia da vontade das partes perante a contratação internacional[76].

Conceitua-se a formação dos contratos como:

> (...) todas as fases a partir das tratativas iniciais, que têm por finalidade a colocação de pressupostos do objeto consensual, com força vinculativa, e eficácia jurídica, que prevalece para todos os efeitos posteriores, salvo revogação expressa das partes.[77]

Maristela Basso[78] assevera que a fase da constituição

> (...) equivale ao período de geração propriamente dito do contrato, quando este deixa o plano da cogitação e entra para o da existência. Através dela, as partes vão subindo os degraus de uma escada que as conduzirá à conclusão do negócio. A cada degrau galgado, elas revelam suas intenções e consolidam a disposição negocial, praticando atos que visem diretamente à celebração do contrato.

Assim, a construção de um CIC tem que partir da situação, das necessidades e objetivos dos sujeitos, assim como da apreciação do meio onde se

---

(73) STRENGER, Irineu. *Contratos internacionais do comércio*, p. 95.

(74) *Ibidem*.

(75) *Ibidem*.

(76) Cf. FERRAZ, Daniel Amin. *Joint venture e contratos internacionais*. Belo Horizonte: Mandamentos, 2001. p. 79.

(77) STRENGER, Irineu. *Contratos internacionais do comércio*, p. 96.

(78) BASSO, Maristela. *Contratos internacionais do comércio*: negociação, conclusão e prática. 3. ed. rev. e atual. Porto Alegre: Livraria do Advogado, 2002. p. 17.

encontra a contraparte na relação contratual. A auscultação do meio externo converte-se em um fator prévio a ser considerado pelo assessor jurídico e pelo operador internacional, seja na condição de contratante ou contratado[79].

Muitos são os caminhos e as precauções a serem tomadas quanto à formulação dos CIC, desde o encontro das partes para definições de objetivos primordiais, passando-se pela sua negociação, até a sua redação e assinatura[80].

Por conseguinte, pode-se afirmar que

> (...) a formação dos contratos internacionais é o período de ajuste da vontade e dos interesses das partes, que tem por objetivo a conclusão de um acordo, e cujas tratativas e atos praticados são capazes de produzir conseqüências jurídicas segundo as expectativas que geram e os possíveis prejuízos que o rompimento arbitrário pode acarretar à outra parte.[81]

Frente estas considerações, pode-se destacar quatro principais fases da formação dos CIC, a saber: o encontro das partes; a negociação; a decisão e o contrato definitivo[82].

Na primeira fase, o encontro das partes, o comerciante internacional "(...) depende de guias e veículos de aproximação que permitam adequar seus objetivos às novas situações que encontra sedimentadas no plano dos negócios internacionais"[83].

O encontro das partes pode ser compreendido como:

> (...) o mecanismo incorporado a atividade comercial internacional, principalmente porque é o primeiro passo que vai gerar a formação dos contratos e também porque essa aproximação geralmente advém de crédito de confiança nos diversos meios informativos e pré-engajadores dos negócios do comércio[84].

Nesta etapa, as partes devem ater-se à importância do planejamento contratual, pois nesses contratos internacionais há constante transcendência

---

(79) Cf. RÍOS, Aníbal Sierralta. *Negociación y contratación internacional.* Asunción: Universidad Autónoma de Asunción, 1993. p. 144.
(80) Cf. GARCEZ, José Maria Rossani. *Contratos internacionais comerciais*: planejamento, negociação, solução de conflitos, cláusulas especiais e convenções internacionais, p. 101.
(81) BASSO, Maristela. *Contratos internacionais do comércio*: negociação, conclusão e prática, p. 20.
(82) Cf. STRENGER, Irineu. *Contratos internacionais do comércio*, p. 96-97.
(83) *Ibidem*, p. 98.
(84) *Ibidem*, p. 98-99.

de fronteiras entre países, o que geralmente acarreta problemas advindos de deficitários planejamentos estratégicos, de negociações e redações contratuais.

Apontam-se, como exemplos: a) o Código Comercial Uniforme dos Estados Unidos da América (EUA), o qual, em face das suas características, exige normalmente um contrato escrito para que sejam exeqüíveis as obrigações pactuadas[85]; b) a proliferação de contratos padronizados, geralmente de adesão,

> (...) comum nas operações de importação e exportação, ou nas operações bancárias e de seguros, em que as cláusulas padronizadas são apresentadas como *standard*, de modo geral não passível de negociação, existem, algumas vezes, circunstâncias que não são da conveniência do contratante tido como aderente. Devem então ser tais cláusulas não só discutidas, mas, às vezes, até modificadas ou ressalvada sua aplicação em determinadas circunstâncias[86].

Evidentemente que nos CIC há uma infinita gama de "(...) complicações e incertezas comparativamente maior do que as que existem nos contratos internos ou nacionais, que não são de fácil resolução"[87], razão pela qual, neste ponto, torna-se primordial o aconselhamento com profissionais habilitados na contratação internacional, buscando-se evitar contratempos futuros.

1.2.2 Negociação, decisão e contrato definitivo

A negociação dos CIC pode ser representada como um segundo momento[88] na formação de tais instrumentos. A primeira fase, anteriormente abordada, trata-se do encontro das partes para discussões e aconselhamentos preliminares acerca da contratação, que poderá ser concretizada.

---

(85) Cf. GARCEZ, José Maria Rossani. *Contratos internacionais comerciais*: planejamento, negociação, solução de conflitos, cláusulas especiais e convenções internacionais, p. 103.

(86) *Ibidem*, p. 103.

(87) *Ibidem*, p. 101.

(88) Esta divisão é elaborada pela doutrina, que tem como principal expoente o autor Irineu Strenger (Cf. STRENGER, Irineu. *Contratos internacionais do comércio*, p. 95-112). Porém nem sempre é possível fazer a distinção das quatro fases contratuais de maneira clara, pois, além de tratar-se de matéria muito prática, várias vezes, quando do encontro inicial das partes contratantes, realizado na contemporaneidade principalmente por meios eletrônicos (*e-mail*), estas realizam, num mesmo momento, todas as fases da formação dos CIC. Contudo não é aconselhável este tipo de contratação quase que instantânea, sem maiores esclarecimentos e colocações de questões pontuais, pois a contratação internacional deve ser minuciosamente examinada para se evitar surpresa e prejuízos futuros.

A negociação apresenta efeitos rotineiros, nascendo ofertas ou propostas e contrapropostas, que, dependendo da natureza da operação comercial, resultará na criação de vínculos jurídicos com diversos reflexos[89].

As ofertas e aceitações[90] podem ser compreendidas como as forças motoras na formação do contrato[91].

A oferta[92] pode ser considerada a primeira figura de manifestação de vontade dirigida à conclusão do negócio bilateral, ou seja, uma provocação à realização do acordo.

A aceitação "(...) é o ato conclusivo da fase de formação do contrato, impondo-se com a declaração de vontade que completa e consagra o negócio jurídico no qual ela se integra"[93].

Tais propostas e contrapropostas "(...) devem ser atentas e minuciosamente examinadas, porquanto têm verdadeiro caráter monogenético, que pode mesmo servir de respaldo para futuros eventuais desentendimentos de interpretação"[94].

Na negociação do contrato internacional torna-se indispensável "(...) precisar com clareza o que realmente se deseja em relação a ele"[95].

A respeito dos aspectos da negociação, *Strenger*[96] alerta para o conhecimento das tradições, costumes, línguas e sistemas jurídicos das partes envolvidas, acrescentado, ainda, a tudo isso o domínio da autonomia da vontade.

Frisa, também, que deve haver, pelos negociadores, rigorosa atenção às chamadas partes técnicas do contrato, como, por exemplo: a) os componentes dos produtos; b) o sistema cambiário; c) a natureza das prestações a fornecer. Na mesma esteira, clama pelo esclarecimento de advertências e

---

(89) Cf. STRENGER, Irineu. *Contratos internacionais do comércio*, p. 99.
(90) A temática de oferta e aceitação dos CIC será citada apenas neste momento do trabalho a título de esclarecimento, não havendo o aprofundamento da matéria, pois se trata de extensa discussão doutrinária. Aconselha-se a leitura de algumas obras para eventual investigação minuciosa, a saber: PONTES DE MIRANDA, *Tratado de direito privado*. São Paulo: RT, 1984, t. 38; BASSO, Maristela. *Contratos internacionais do comércio*: negociação, conclusão e prática. 3. ed. rev. e atual. Porto Alegre: Livraria do Advogado, 2002; FRANÇA, Rubens Limongi. Contrato. In: *Enciclopédia saraiva do direito*. São Paulo: Saraiva, 1977, v. 19.
(91) Cf. FERRAZ, Daniel Amin. *Joint venture e contratos internacionais*, p. 82.
(92) Alguns autores a definem como proposta. Cf. VENTURA, Luiz Henrique. *Contratos internacionais empresariais*. Belo Horizonte: Del Rey, 2002. p. 14 e 34.
(93) BASSO, Maristela. *Contratos internacionais do comércio*: negociação, conclusão e prática, p. 57.
(94) STRENGER, Irineu. *Contratos internacionais do comércio*, p. 99.
(95) GARCEZ, José Maria Rossani. *Contratos internacionais comerciais*: planejamento, negociação, solução de conflitos, cláusulas especiais e convenções internacionais, p. 104.
(96) Cf. STRENGER, Irineu. *Contratos internacionais do comércio*, p. 100.

sugestões na forma de preâmbulo, como forma de compreensão do significado da negociação, que refletirá no agradável andamento das operações pactuadas[97].

Ríos[98] chama a atenção para alguns pontos a serem considerados na negociação. O primeiro deles consiste no conhecimento da situação política dos países envolvidos, bem como:

a) nas dificuldades financeiras que se evidenciam pelo período dilatado do vencimento, nos interesses descontinuados ou fora de mercado, no requerimento de financiamento por parte do provedor;

b) na inconversibilidade da moeda e na taxa de câmbio fictícia;

c) na falta de solidez e referência das empresas comerciais nacionais;

d) na legislação sobre o tratamento dos capitais estrangeiros, direitos e privilégios dos agentes ou representantes comerciais;

e) na simpatia do consumidor para determinadas nacionalidades;

f) na existência ou não de tratados bilaterais;

g) na situação da balança comercial do país comprador.

Outros pontos preliminares estratégicos da negociação dizem respeito às "(...) circunstâncias que devem ser pesquisadas sobre a condicionalidade do cumprimento de obrigações contratuais em determinados países"[99].

Muitas das vezes, o cumprimento de uma obrigação contratual depende de autorizações governamentais difíceis e até impossíveis de se alcançar, podendo, inclusive, levar à resolução do acordo. Cita-se como exemplo, o caso de "(...) venda de armamentos ou munições, peles de animais em extinção, que podem ser consideradas ilegais, ao menos em determinadas épocas e em certos países"[100].

O idioma que vai ser utilizado na contratação internacional também deve ser objeto de cuidados especiais das partes. Na prática, vem se utilizando na redação dos CIC a inserção simultânea de ambas as línguas dos pactuantes, servindo as versões como acordos válidos e originais para a interpretação dos mesmos[101].

Garcez[102] sugere algumas linhas para a negociação dos CIC, a saber:

---

(97) Cf. STRENGER, Irineu. *Contratos internacionais do comércio*, p. 100.
(98) Cf. RÍOS, Aníbal Sierralta. *Negociación y contratación internacional*, p. 145.
(99) GARCEZ, José Maria Rossani. *Contratos internacionais comerciais*: planejamento, negociação, solução de conflitos, cláusulas especiais e convenções internacionais, p. 110.
(100) *Ibidem*, p. 110.
(101) *Ibidem*, p. 111.
(102) *Ibidem*, p. 101.

a) separar as pessoas dos problemas;
b) focalizar os interesses e não as posições;
c) criar opções para utilidade mútua;
d) insistir no critério objetivo;
e) conhecer sua melhor alternativa para um acordo negociado.

Esclarecendo de forma objetiva, *Ríos*[103] exibe três etapas da formação dos contratos.

A primeira seria a negociação, que é um período pelo qual as partes procuram conhecer o meio externo onde vão operar, as características dos sujeitos e as condições para conseguir os objetivos[104].

A segunda representaria a contratação, ou seja, a articulação dos termos e cláusulas anteriormente debatidas e referidas nas negociações[105].

A derradeira diz respeito à administração[106], a qual consiste no conjunto de medidas que as partes devem prever para dar vida e duração ao contrato. Em determinadas modalidades, como nos contratos de *joint venture*[107], de licença de marcas e de gerenciamento, vê-se muito clara esta etapa[108].

---

(103) Cf. RÍOS, Aníbal Sierralta. *Negociación y contratación internacional*, p. 146.

(104) Como esquema elucidativo:

NEGOCIAÇÃO	—	Meio ambiente interno
	—	Meio ambiente externo
	—	Meio ambiente internacional

(105) Veja abaixo:

CONTRATAÇÃO	—	Fórmula contratual
	—	Estudo dos regimes jurídicos
	—	Elaboração das cláusulas

(106) Segue:

ADMINISTRAÇÃO	—	Estrutura operacional
	—	Previsão de solução de controvérsias
	—	Garantias de cumprimento

(107) *Joint venture* pode ser entendido como uma associação de fato entre duas pessoas físicas ou jurídicas, por um fim comum mais limitado, com partilha de encargos e riscos. Não é patente a sua definição. Vários são os autores que apresentam diversas idéias sobre o tema. Ferraz alega que há uma imensa flexibilidade nestes tipos de contratos e as suas definições têm por base muitas das vezes o seu objetivo econômico. Arrisca dizer que a *Joint venture* é uma fusão de interesses entre uma empresa com um grupo econômico, pessoas jurídicas ou pessoas físicas, que desejam expandir sua base econômica mediante estratégias de expansão e/ou diversificação, com o propósito explícito de lucros ou benefícios, podendo ter duração permanente ou a prazos determinados. Cf. FERRAZ, Daniel Amin. *Joint venture e contratos internacionais*, p. 118-119.

(108) Como se percebe, a negociação constitui a fase fundamental para a formação dos contratos, porém torna-se indispensável, para se evitar alterações interpretativas, que não se

Na fase de negociação é muito comum a elaboração das *cartas de intenção*[109], os *contratos preparatórios*[110], *os contratos interinos*[111] e os *contratos parciais*[112].

A decisão aparece como uma terceira fase na formação dos contratos.

Esse ato de decidir-se, com intrepidez, representa o instante mais importante nas negociações, "(...) pois é o momento conclusivo do debate e do diálogo abrangente, no qual, por pressuposto, todas as questões foram devidamente colocadas"[113].

No entanto, no comércio internacional nem sempre a definição dos compromissos recíprocos e do objeto negocial definem a imediata formulação do

---

tome como regra a afirmação de que as conversações preliminares têm vínculos jurídicos. Este é o caso de um simples convite a negociar, muito embora possa ser o primeiro passo na formação dos contratos, tornando-se inócuo no mundo jurídico se não exercido por um meio que, pelo seu conceito, possa produzir efeitos de direito, como, por exemplo, quando o convite é realizado por palavras ou outra forma que lhe confira efeitos jurídicos. Por outro lado, se a proposta for englobante, elucidativa, abrangendo, por conseguinte, a oferta e o convite para negociar, iniciar-se-á o processo formativo e todo intercâmbio de palavras tem valorização jurídica, nele compreendidos, todos os mecanismos de comunicação. Cf. STRENGER, Irineu. *Contratos internacionais do comércio*, p. 102.

(109) Cartas de intenção, *letter of intent* ou *memoranda of understanding*, "(...) utilizadas às vezes não só como promessa ou ajuste preliminar, mas como meio de obter aprovação governamental, seja para certos incentivos a um projeto ou das bases estruturais de um empréstimo ou financiamento, seja do modelo de um contrato que envolva a transferência de tecnologia ou permissão para importar mercadorias. (...) A carta de intenção não é o contrato e que, assim, os laços obrigacionais que contempla serão mais tênues ou estarão condicionados a eventos futuros. (...) Não deve pairar dúvida que uma carta de intenção dificilmente poderá ter execução específica, obrigando as partes a celebrar o contrato, nela apenas esboçado como uma possibilidade. No entanto, o documento deve encerrar obrigações preliminares que, se chegarem a operar, possam ser resolvidas em perdas e danos em benefício da parte prejudicada. (...) O linguajar deve ser cuidadoso, deve expressar, por exemplo, condicionalidades, quando se referir a possível formação de uma *joint venture*, associação ou empresa, ou que o futuro contrato acha-se na dependência do implemento de certos fatos e condições específicas". GARCEZ, José Maria Rossani. *Contratos internacionais comerciais*: planejamento, negociação, solução de conflitos, cláusulas especiais e convenções internacionais, p. 112.

(110) São contratos preparatórios "(...) os acordos tendo unicamente por objeto a preparação dos futuros contratos definitivos". STRENGER, Irineu. *Contratos internacionais do comércio*, p. 105.

(111) Os contratos interinos "(...) resultam do fato de que o período de negociação pode durar semanas, meses e até mesmo anos, levando as partes à necessidade de organizar suas relações de fundo, além dos limites das negociações. Nessas circunstâncias impõe-se a conclusão de contratos que estabeleçam obrigações durante período das negociações a até além". STRENGER, Irineu. *Contratos internacionais do comércio*, p. 105.

(112) "Quanto aos contratos parciais pode-se antever a circunstância de que as negociações possam desbordar em acordos incompletos inicialmente submetidos à negociação". STRENGER, Irineu. *Contratos internacionais do comércio*, p. 105.

(113) STRENGER, Irineu. *Contratos internacionais do comércio*, p. 106.

contrato, pois resulta comum que aconteçam inúmeras circunstâncias preliminares distinguidas por complexas operações, que não podem ficar descobertas das tutelas jurídicas exigindo-se inúmeros acordos pré-fixados[114], com ampla eficácia jurídica, para permitir o empenho de pessoas e empresas[115].

Neste contexto, caso a decisão possa gerar o contrato final, ou passados os momentos prefaciais acima destacados, chega-se à última fase da formação dos contratos, qual seja, a constituição do contrato definitivo.

Para *Strenger*[116], é o

> (...) ato pelo qual as partes se comprometem definitivamente a assumir certas obrigações determinadas. O contrato tem força obrigatória e abre, a cada uma das partes, o direito de demandar em juízo a execução forçada das prestações prometidas contra o inadimplente.

Percebe-se, atualmente, que a grande maioria das partes contratantes na esfera internacional procura evitar a busca do cumprimento contratual ou da resolução de problemas daí decorrente na esfera estatal (Poder Judiciário).

O que se vê na prática é a remissão a cortes arbitrais que, de forma mais célere, procuram solucionar a lide. Ademais, a maioria dos contratos de longa duração apresenta na sua redação cláusulas que permitem a sua readaptação frente a incertezas não previsíveis, que possam acarretar graves prejuízos a uma ou ambas as partes contratantes[117], tal como as cláusulas de *hardship*[118].

---

(114) São os chamados contratos preliminares, pré-contratos ou contratos provisórios, com ampla eficácia jurídica e fixados em princípios do direito. Cf. STRENGER, Irineu. *Contratos internacionais do comércio*, p. 108.

(115) STRENGER, Irineu. *Contratos internacionais do comércio*, p. 108.

(116) *Ibidem*, p. 111.

(117) Cf. MARTINS, Juliano Cardoso Schaefer. *A cláusula* hardship *nos contratos internacionais comerciais*. In: PIMENTEL, Luiz Otávio. (Org.). *Direito da integração e relações internacionais*: ALCA, MERCOSUL e UE. Florianópolis: Fundação Boiteux, 2001. p. 373-377.

(118) Originária da prática contratual internacional, a cláusula de *hardship* é um exemplo da criatividade dos negociadores que visa a "(...) suprir as lacunas dos conceitos clássicos no que se refere à solução do problema da incerteza nos contratos internacionais". Vem sendo utilizada, principalmente, nos pactos de longa duração. GRANZIERA, Maria Luiza Machado. *Contratos internacionais*: negociação e renegociação. São Paulo: Ícone, 1993. p. 78. Refere-se, ainda, que a cláusula *hardship* tem como objetivo primordial "(...) a revisão da avença ou, a isso não se chegando, à rescisão do contrato". BAPTISTA, Luiz Olavo. *Dos contratos internacionais*: uma visão teórica e prática, p. 149. Destaca-se, por derradeiro, que a cláusula *hardship* foi projetada para possibilitar um ajuste convencional na ocorrência de uma circunstância futura e imprevista no momento da conclusão do contrato, que viesse a causar uma alteração econômica, de modo que a execução do contrato se tornasse impossível, seja temporária ou definitivamente, e anormalmente onerosa para uma das partes. Cf. MARTINS, Juliano Cardoso Schaefer. *A cláusula* hardship *nos contratos internacionais comerciais*, p. 373-377.

Logo, o contrato definitivo é considerado como a etapa estabilizadora dos entendimentos e, o quanto possível, "(...) deve-se manter imutável, enquanto vigente, em função da confiança e segurança que devem presidir o acordo final das vontades"[119].

1.3 LIMITES À CONTRATAÇÃO INTERNACIONAL

A contratação internacional sofre algumas limitações impostas à vontade das partes. A globalização, a nova ordem econômica internacional e as dificuldades na elaboração dos contratos internacionais comerciais, que a seguir serão analisadas, contribuem para a compreensão destes limites.

1.3.1 A globalização e a nova ordem econômica internacional

A globalização, um fenômeno econômico comandado pelas forças de mercado e transformações tecnológicas, vem aflorando nos dias atuais pela influência geral do comércio[120], no sentido de uma

> (...) comunidade política mundial dominada por causas globais e processos de articulações políticas que atravessam fronteiras em uma sociedade internacional cada vez mais regidas por regras e Organismos Internacionais[121].

Surge, no lugar das sociedades nacionais, a sociedade global e a partir da Segunda Guerra Mundial é que se desenvolve um amplo processo de mundialização das relações, estruturas de dominação e apropriação, antagonismo entre integração, afetando todas as esferas da vida social, coletiva e individual[122].

O capitalismo continua a desenvolver-se como um modo de produção material e espiritual, simultaneamente nacional e internacional, a rigor em processo civilizatório universal (...), a história do capitalismo pode ser vista como a história da mundialização da globalização do mundo[123].

Essa situação pode ser entendida como se:

---

(119) STRENGER, Irineu. *Contratos internacionais do comércio*, p. 112.

(120) Cf. GALVÃO, Marcos Bezerra Abbott. Globalização e exclusão social. In: ENCONTRO NACIONAL DOS ESTUDANTES DE RELAÇÕES INTERNACIONAIS. 5, 2000, São Paulo, p. 7. Texto transcrito da conferência do Ex. Ministro Marcos Galvão pelo professor Fernando Lopes Ferraz Elias.

(121) GALVÃO, Marcos Bezerra Abbott. *Globalização e exclusão social*, p. 7.

(122) Cf. IANNI, Octavio. *A sociedade global*. 4. ed. Rio de Janeiro: Civilização Brasileira, 1991. p. 35-36.

(123) IANNI, Octavio. *A sociedade global*, p. 53-55.

(...) o capitalismo carregassem consigo todo o tempo, tenções sincrônicas e diacrônicas, centrífugas e centrípetas, recorrentes e cíclicas, estruturais e históricas, dramáticas e épicas. Visto assim, em perspectiva ampla, compreendendo indivíduos, coletividades, os povos, nações e continentes, atravessando mares e oceanos, percorrendo épocas, tradições e futuros, o capitalismo revela-se mensageiro de um *pathos* impressionante[124].

Marcos Galvão[125] alerta que existe na globalização uma:

(...) universalização da democracia liberal e da economia de mercado, bem como uma crescente integração dos mercados financeiros nos processos produtivos e o surgimento de uma comunidade global originária da ação de movimentos sociais e dos veículos de comunicação com alcance cada vez mais abrangente.

Acontece que estão pouco claras as idéias sobre o processo de crescente interdependência das economias nacionais chamado de globalização[126].

Segundo *Demétrio Magnoli*[127], entende-se por globalização:

(...) o processo pelo qual são criadas as condições, materiais e econômicas, para mundialização do espaço de fluxos de capitais e mercadorias, então se trata de um movimento que está em marcha desde que as Navegações européias dos séculos XVI e XVII romperam o isolamento das 'histórias regionais'.

Garcez[128] adverte que o século XX foi caracterizado pela concentração de inúmeras mudanças "(...) sociais e culturais resultantes do progresso da ciência e tecnologia e do aprimoramento das estruturas sócio-políticas e culturais".

Tal processo vem sendo possibilitado em virtude dos constantes avanços tecnológicos nos meios comunicativos e nos meios de transporte e prin-

---

(124) IANNI, Octavio. *A sociedade global*, p. 67-68.
(125) GALVÃO, Marcos Bezerra Abbott. *Globalização e exclusão social*, p. 8.
(126) Cf. FURTADO, Celso. *O capitalismo Global, paz e terra*. São Paulo: 1999, 3.ed. p. 21 *Apud*. FARIA, Werter R. *Globalização*: comunidade européia e Mercosul. In: SILVA, Diana de Lima; PASSOS, Edésio. (Coord.) *Impactos da globalização*: relações de trabalho e sindicalismo na América e Europa. São Paulo: LTr, 2001. p. 122.
(127) MAGNOLI, Demétrio. *Questões internacionais contemporâneas*. 2. ed. rev. e atual. Brasília: FUNAG, 2000. p. 160.
(128) GARCEZ, José Maria Rossani. *Contratos internacionais comerciais*: planejamento, negociação, solução de conflitos, cláusulas especiais e convenções internacionais, p. 1.

cipalmente "(...) pela integração da economia mundial e pela possibilidade de transferência de informações e créditos instantaneamente"[129]. O que também retrata o entendimento de Prado[130] quando alerta que o referido processo nessa virada de século "(...) tem como uma das características mais marcantes a valorização da tecnologia".

Assim sendo, ele possibilita:

(...) o acesso a determinados conhecimentos de natureza política e sociológica, que repercutem diretamente na ciência jurídica, ao incutir na norma um conteúdo dinâmico adaptável às condições sociais existentes, a fim de preservar a segurança jurídica necessária ao desenvolvimento estatal[131].

Adriano Benayon[132] critica tal processo porque com a penetração das transnacionais, "(...) as sociedades foram envolvidas pelo sistema de poder dos centros, com a colaboração das burguesias locais, desprovidas de consciência e ineptas a liderar a organização do Estado a serviço da sociedade".

Alega, ainda, *Benayon*[133], que isso ocorre porque a globalização encontra:

(...) terreno mais desimpedido fora dos centros mundiais do que nestes. As periferias vão sendo destruídas, enquanto imaginam que as pretensas reformas lhes darão um Estado mais eficiente, com a redução da esfera de atuação deste.

Ríos[134] discorda desse posicionamento porque uma das principais tendências da economia global após a Segunda Guerra Mundial é a internacionalização dos negócios e o surgimento das empresas transnacionais o que proporcionou o constante esforço dos países de terceiro mundo no sentido de desenvolverem-se por meio da exportação.

---

(129) MELO, Jairo Silva. *Contratos internacionais comerciais e cláusulas* hardship, p. 18.
(130) PRADO, Maurício Curvelo de Almeida. *Contrato internacional de transferência de tecnologia:* patente e *know-how*. Porto Alegre: Livraria do Advogado, 1997. p. 1.
(131) MELO, Jairo Silva. *Contratos internacionais comerciais e cláusulas* hardship, p. 18.
(132) BENAYON, Adriano. *Globalização* versus *desenvolvimento:* o jogo das empresas transnacionais – ETNs – e a periferização por meio de investimentos diretos estrangeiros – IDEs. Brasília: LGE, 1998. p. 77.
(133) *Ibidem*, p. 77.
(134) Cf. RÍOS, Aníbal Sierralta, BAPTISTA, Luiz Olavo. *Aspectos jurídicos del comercio internacional.* Peru: Editorial de la Academia Diplomática del Peru, 1992. p. 7.

Galvão⁽¹³⁵⁾ acredita que "(...) quanto maior o poder aquisitivo, o grau de instrução e o nível geral de bem-estar de nossa população, maior será nossa transitividade para os agentes econômicos gerais".

E vai além, asseverando que:

(...) quanto maior for a distribuição de renda e oportunidades em nosso país, maior será em tese nossa oportunidade de participar do processo produtivo global de forma mais qualificada, com maior capacidade efetiva de agregação de valor⁽¹³⁶⁾.

Sabe-se que esse processo é uma realidade global e contém como característica básica a necessidade do desenvolvimento econômico⁽¹³⁷⁾. Mesmo que não esteja vinculado a um grupo único de Estados economicamente fortes, apresenta nestes:

(...) seus maiores incentivadores, posto que são os mesmos detentores dos mais significativos recursos tecnológicos e científicos e os principais responsáveis pela evolução que se percebe em áreas como comunicação e transporte⁽¹³⁸⁾.

A partir do desaparecimento da União Soviética,

(...) termina o enfrentamento que marca este século, e se agravam as crises política e econômica da superpotência remanescente. Concomitantemente cresce o número de Nações que aspiram participar das decisões referentes à comunidade internacional, e surgem em cena novos atores determinados a exercer influência nos destinos do mundo: as organizações não-governamentais e as sociedades transnacionais⁽¹³⁹⁾.

A globalização passa a ser interpretada como um:

(...) fato de natureza econômica que se manifesta por etapas: a internacionalização das economias pelo acesso e aumento das exportações, a transnacionalização pelo crescimento dos investimentos e da atuação das empresas no exterior e a globalização pela formação de redes mundiais e de produção e de informação⁽¹⁴⁰⁾.

---

(135) GALVÃO, Marcos Bezerra Abbott. *Globalização e exclusão social*, p. 14.
(136) *Ibidem*.
(137) Cf. MELO, Jairo Silva. *Contratos internacionais comerciais e cláusulas* hardship, p. 18.
(138) *Ibidem*, p.19.
(139) FARIA, Werter R. *Globalização:* comunidade européia e Mercosul, p. 123.
(140) *Ibidem*, p. 131.

Octavio Ianni[141] aponta que:

> (...) as empresas se colocam como centro de mando e decisão, incluindo-se aí as corporações e conglomerados ditos multinacionais, transnacionais, mundiais, globais ou planetários, que são responsáveis pela formação, funcionamento e transformação do que se poderia denominar o *shopping center* global espalhando-se por países e continentes.

Aprecia-se neste contexto a disputa dos avanços tecnológicos e científicos e ao mesmo tempo em que se observa e compreende os estragos da pobreza e da miséria[142].

Deve-se acreditar que "(...) a manutenção da exclusão social e a imposição da mão-de-obra barata não é uma imposição da globalização, mas sim uma falta de produção de idéias, políticas e soluções que diminuam essas desigualdades sociais"[143].

Assim sendo, não se deve buscar:

> (...) falsas explicações para o problema, enxergando constrangimentos internacionais, onde eles não existem ou exagerando sua importância ou deixando de levar em conta constrangimentos externos que de fato estejam presentes ou passando para uma linha de recusa ou enfrentamento quixotesco com as grandes tendências mundiais[144].

Frente a essas considerações e diante da necessidade da garantia de uma política comercial internacional o liberalismo econômico e o processo de globalização lapidaram a ingerência estatal trazendo modificações por meio de uma flexibilização dessa intervenção dos Estados na iniciativa privada, para que estes pudessem expandir economicamente e aquecer seus mercados comerciais internos, ou seja, uma nova ordem econômica mundial.

O envolvimento dos Estados nesse processo irreversível de interdependência econômica traz à tona a tendência da nova ordem econômica que relacionada àquela idéia do processo de globalização, vem influenciando esses Estados a criarem novos modelos econômicos, políticos e jurídicos que sejam adequados à realidade contemporânea. Isso ocorre para que haja a viabilização e sustentação da contratação internacional[145].

---

(141) IANNI, Octavio. *A sociedade global*, p. 135.
(142) Cf. SÁNCHEZ, Concepción. *El impacto de la globalización en el mercosur*. In: SILVA, Diana de Lima e PASSOS, Edésio. (Coord.) *Impactos da globalização:* relações de trabalho e sindicalismo na América e Europa, p. 35.
(143) GALVÃO, Marcos Bezerra Abbott. *Globalização e exclusão social*, p. 14.
(144) *Ibidem*.
(145) Cf. MELO, Jairo Silva. *Contratos internacionais comerciais e cláusulas* hardship, p. 20-21.

Essa flexibilização pode ser entendida: pela preservação e respeito das condições contratuais pactuadas, pela garantia jurídica à execução dos contratos, pela maleabilidade das políticas alfandegárias, dentre outros fenômenos[146].

Melo[147], por sua vez, relata que o processo de adaptação dos Estados foi influenciado diretamente pelo poder econômico exercido pela empresas transnacionais, nascendo o que se chama processo de globalização.

Esse fenômeno produz:

> (...) conseqüências extra-econômicas, a começar pelo enfraquecimento dos Estados e pela concentração de poder nas mãos das grandes empresas. A internacionalização financeira e a transnacionalização produtiva são impulsionadas pelas políticas neoliberais, forçam a abertura das economias e tornam vulneráveis as dos países em via de desenvolvimento bem como agravam a exclusão social[148].

Percebe-se que a abrangência desse processo não está unicamente adstrita ao âmbito econômico[149], mas também ligada a questões do desenvolvimento social dos Estados[150] e todos aqueles que "(...) direta ou indiretamente são afetados por essa ordem mundial"[151].

Nessa ordem econômica, surge a nova concepção de Estado que se traduz na flexibilização de seus sistemas jurídicos, tornando-os mais permeáveis às normas externas, ou seja, o Estado vem abrandando parte de sua soberania para valorizar os tratados internacionais[152], o que viabiliza o crescimento intercambial econômico e possibilita uma maior segurança e certeza no desenvolvimento das relações pactuadas pelos relacionados internacionalmente[153].

Ressalta-se que o surgimento dessa ordem econômica não é recente, mas historicamente percebe-se que houve um movimento evolutivo das ati-

---

(146) Cf. MELO, Jairo Silva. *Contratos internacionais comerciais e cláusulas* hardship, p. 16-17.
(147) *Ibidem*, p.17.
(148) FARIA, Werter R. *Globalização:* comunidade européia e Mercosul, p. 131-132.
(149) Cf. MELO, Jairo Silva. *Contratos internacionais comerciais e cláusulas* hardship, p. 19.
(150) Cf. BENAYON, Adriano. *Globalização* versus *desenvolvimento*: o jogo das empresas transnacionais - ETNs - e a periferização por meio de investimentos diretos estrangeiros – IDEs, p. 77.
(151) MELO, Jairo Silva. *Contratos internacionais comerciais e cláusulas* hardship, p. 20.
(152) Esta referência apresenta uma longa discussão entre a ocorrência de cessão ou de transferência de soberania. Destaca-se que este tipo de flexibilização é bem mais evidente no direito comunitário.
(153) Cf. MELO, Jairo Silva. *Contratos internacionais comerciais e cláusulas* hardship, p. 21.

vidades negociais influenciadas diretamente pela globalização e no estágio contemporâneo vem alcançando proporções jamais vistas anteriormente[154].

O direito comparado também influenciou esse novo movimento de produção legislativa interna (nova ordem econômica) para se garantir a prática contratual internacional frente às exigências externas e às necessidades econômicas como também aos princípios do direito econômico[155].

Nesse novo quadro, há a existência de um paradoxo contemporâneo que vem gerando repercussões de natureza política, econômica e social. Ocorre que se visa à proteção jurídica para garantir o desenvolvimento econômico, porém, com isso, tem se atingido de certa forma a coletividade quando há o desrespeito aos princípios inarredáveis assegurados no ordenamento jurídico interno[156].

Desse paradoxo criado entre a necessidade do desenvolvimento econômico e a efetivação das garantias individuais e de direitos sociais, *Melo* apresenta dois questionamentos:

> (...) o primeiro, refere-se à questão de saber de que modo pode ser viabilizado o desenvolvimento econômico com a retirada de alguns dos entraves criados pelos textos legais contemporâneos, sem que a sua alteração implique em uma diminuição nos resguardos dos direitos individuais assegurados pela própria lei;
>
> (...) o segundo, refere-se a demonstrar de que forma pode ser realizado um controle sobre a produção legislativa interna dos Estados, de modo tal que a sua evolução ocorra concomitantemente à possibilidade do mercado interno em se adaptar à uniformização legislativa que ocorre no âmbito internacional, sem que isso implique em desrespeito ao princípio da reciprocidade do Direito Internacional ou fira o princípio da ordem pública interna[157].

Tendo em vista a falta de soluções definitivas e perfeitas para as questões acima expostas, sugere-se uma adequação em cada caso à respectiva relação econômica existente[158].

Ressalta-se que mesmo diante desse paradoxo, o

> (...) Estado na forma como o conhecemos hoje, não vai desaparecer. Ele vai simplesmente se transformar, e a natureza de suas funções

---

(154) Cf. MELO, Jairo Silva. *Contratos internacionais comerciais e cláusulas* hardship, p. 21.
(155) *Ibidem*, p.21-22.
(156) *Ibidem*, p. 22.
(157) *Ibidem*, p.22.
(158) *Ibidem*, p.23.

e as formas de sua intervenção nos espaços públicos, sobretudo no plano econômico, vão se modificar. Não há tampouco o que se poderia chamar de abandono de soberania, mas sim, como na União Européia, uma transferência de soberania de uma instância a outra, neste caso de tipo comunitária[159].

Rovira[160] aponta para a necessidade de se buscar uma nova ordem econômica, porém, afirma

> (...) que a mesma não seria uma proposta visionária, no sentido de que haveria um congraçamento mundial, onde os países desenvolvidos se mostrariam generosos para com aqueles menos ou subdesenvolvidos, mas sim como um imperativo de suas recíprocas sobrevivências. E, nesse sentido, o contrato internacional tem um papel relevante e indispensável, posto que é o instrumento por excelência, nas relações comerciais.

Existiria, portanto, a partir do aperfeiçoamento do instituto do contrato, um incremento dessa nova ordem econômica, pois haveria uma adequação dos sistemas do Direito Internacional Privado (DIPr) dos países em desenvolvimento, de forma a tornar viável uma relativa harmonização, em face de características comuns, possibilitando a esses países afastar os efeitos inaceitáveis do "colonialismo jurídico"[161], e ao menos diminuir as diferenças ante seus parceiros, os países desenvolvidos, no comércio internacional, justamente por intermédio de uma gradativa igualdade, em termos de relações contratuais internacionais[162].

Os contratantes internacionais devem estar atentos às questões dessa nova ordem econômica mundial bem como ao processo de globalização, que sem dúvidas ampliou os negócios internacionais quando da aproximação de culturas, costumes e interesses mundiais.

Porém, a globalização, também proporcionou maiores atenções a esses acordos, possibilitando o desenvolvimento de mecanismos que de certa forma objetivam moderar ou até mesmo regular a contratação internacional no sentido de lhe garantir melhores resultados e oferecer uma relativa harmonização de sistemas legais, ou seja, a inserção de limites à autonomia contratual.

---

(159) ALMEIDA, Paulo Roberto de. *Os primeiros anos do século XXI:* o Brasil e as relações internacionais contemporâneas. São Paulo: Paz e Terra, 2002. p. 38-39.

(160) ROVIRA, Suzan Lee Zaragoza de. *Estudo comparativo sobre os contratos internacionais*: aspectos doutrinários e práticos. In: RODAS, João Grandino (Coord.). *Contratos internacionais.* 2. ed. rev. e ampl. São Paulo: RT, 1995. p. 88.

(161) No sentido que lhe empresta: ROVIRA, Suzan Lee Zaragoza de. *Estudo comparativo sobre os contratos internacionais*: aspectos doutrinários e práticos, p. 88.

(162) Cf. ROVIRA, Suzan Lee Zaragoza de. *Estudo comparativo sobre os contratos internacionais*: aspectos doutrinários e práticos, p. 88.

1.3.2 Dificuldades na elaboração e limites para os contratos internacionais comerciais

Diversas são as dificuldades encontradas na elaboração de contratos internacionais, sobretudo atualmente, face à extraordinária multiplicação dos mesmos. Cita-se a observação de *Rovira*[163], quando afirma que as "(...) questões relativas aos contratos internacionais constituem-se em um dos temas mais complexos e controvertidos do campo do Direito Internacional".

A própria doutrina vem apresentando um enorme esforço para encontrar soluções práticas que possam proporcionar uma relativa harmonização dos sistemas legais[164], dentro do âmbito comercial internacional. Isso vem ocorrendo para se dirimir conflitos, por meio da celebração de tratados e de convenções internacionais que objetivam contornar diferenças existentes nos ordenamentos jurídicos internos e nas próprias condições econômicas dos parceiros do comércio internacional[165].

Foram várias as mudanças que surgiram no comércio internacional, porém não conseguiram de forma satisfatória suprir as circunstâncias variantes advindas da lei a ser aplicada nos novos contratos celebrados.

Da própria prática comercial decorrem inúmeras dificuldades que muitas vezes dificultam ou impedem a contratação internacional. Relacionar e indicar previamente as alternativas para prevenir a ocorrência de lides, entraves burocráticos, penalização excessiva das partes, atrasos na execução do contrato, entre tantos outros problemas que podem ocorrer, "(...) torna-se tarefa assaz complexa, dada a diversidade de formas contratuais atualmente existentes e das flutuações que ocorrem na ordem econômica internacional"[166] o que repercute nos "(...) ordenamentos jurídicos estatais e em conseqüência na execução dos contratos"[167].

Uma das inúmeras dificuldades diz respeito às barreiras burocráticas que são impostas aos produtos sujeitos ao comércio internacional. *Melo*[168] considera como barreiras

---

(163) ROVIRA, Suzan Lee Zaragoza de. *Estudo comparativo sobre os contratos internacionais*: aspectos doutrinários e práticos, p. 51.

(164) Registram-se as normas sobre títulos de crédito e da própria venda comercial, com especial referência a UNCITRAL (*United Nations Comission for International Trade Law*), criada pela ONU (Organização das Nações Unidas), em 1962, para fomentar a harmonização e unificação do direito comercial internacional. Destaca-se que por meio dos trabalhos desta comissão surgiu, no ano de 1980, a Convenção de Viena ou Lei Uniforme, que versou sobre os contratos de compra e venda internacional.

(165) Cf. MELO, Jairo Silva. *Contratos internacionais comerciais e cláusulas* hardship, p. 46.
(166) *Ibidem*.
(167) *Ibidem*.
(168) *Ibidem*.

(...) a demora excessiva na tramitação dos procedimentos administrativos, os entraves burocráticos criados nos processos de exportação, importação, o controle de fronteiras, falta de informação das autoridades responsáveis, a ausência de regras claras relacionadas ao assunto e a limitação na divulgação de procedimentos.

Outro ponto de dificuldade é o ônus originado da carga tributária existente entre os países importadores e exportadores, tais como "(...) a colocação de barreiras alfandegárias e tarifárias, a imposição de alíquotas de importação diferentes para os produtos comercializados"[169], entre outros.

Aponta-se também as questões de ordem política que também causam sérios impedimentos ao desenvolvimento e segurança das relações comerciais internacionais, como por exemplo: "(...) os acordos realizados entre governos que impedem a transação comercial, a imposição de embargos comerciais e retaliações impostas a determinados países"[170].

Outro problema decorre da forte concorrência internacional surgindo a venda de produtos com financiamentos prolongados com juros baixos e a reiterada prática de *dumping*[171] no âmbito internacional, sem contar as vendas militares a órgãos governamentais que afetam diretamente "(...) a livre concorrência existente na atividade comercial"[172].

Entre outras, residem ainda, as questões de diferença cultural existentes em diversos sistemas jurídicos bem como elevados custos despendidos no transporte de produtos comercializados para países distantes, o que de certa forma também torna custoso e traz problemas para a contratação internacional[173].

Apesar dos incontáveis obstáculos a que são submetidos os comerciantes internacionais, "(...) vários são os meios colocados à sua disposição para viabilizar a pretensão pela realização de negócios"[174] no contorno internacional.

Melo[175] entende que desde

(...) as preliminares análises sobre o interesse econômico ao exercício da atividade comercial, partindo dos primeiros contatos acerca do

---

(169) MELO, Jairo Silva. *Contratos internacionais comerciais e cláusulas* hardship, p. 47.

(170) *Ibidem*.

(171) *Dumping* é uma expressão em inglês que serve para representar a prática de vendas abaixo do custo para dominar o mercado e afastar as concorrentes. Cf. SOIBELMAN, Leib. *Dumping*. In: *Enciclopédia do advogado*, p. 140.

(172) MELO, Jairo Silva. *Contratos internacionais comerciais e cláusulas* hardship, p. 47.

(173) *Ibidem*.

(174) *Ibidem*, p.48.

(175) *Ibidem*, p.48.

objeto do contrato, das condições propostas pelas partes para a sua formalização, até a posterior execução da transação pretendida, diversas são as etapas a serem percorridas pelos contratantes, que passarão, necessariamente, por detalhadas análises dos mais elementares termos contratuais propostos e das formalidades necessárias à execução do contrato.

Inicialmente, os contratantes devem partir da análise das múltiplas interferências que afetarão a performance nos resultados econômicos do contrato e suas respectivas vantagens[176], a fim de que justifique o investimento pretendido "(...) baseado no binômio custo-benefício"[177].

O próximo passo é realizar as negociações preliminares e elaborar as cláusulas para se evitar o contencioso no surgimento de futuras e eventuais dúvidas do contrato[178].

Outro e importante fator que viabiliza a contratação é o conhecimento razoável do produto ou serviço que constitui o objeto do contrato devendo ser "(...) previamente suscitadas todas as questões legais que lhe sejam pertinentes"[179].

Nesse complexo conjunto de exigências a serem observadas na contratação internacional, *Melo* exemplifica alguns dos principais aspectos que devem passar pelo crivo dos integrantes e operadores do comércio internacional, a saber: a) objeto do contrato; b) canais distribuidores; c) condições de pagamento; d) garantias contratuais; e) prazos; f) cláusulas de foro, arbitragem e lei aplicável; g) língua[180].

O domínio do idioma, o bom conhecimento da legislação e jurisdição dos países das partes que integram a relação comercial pretendida, a observância criteriosa dos requisitos acima exemplificados e, finalmente, a abertura de escritórios nos países de destino dos produtos a serem comercializados ou a serem prestados serviços[181] "(...) torna-se condição essencial para o efetivo sucesso da relação pretendida pelas partes contratantes"[182].

Mesmo com tantas precauções originárias, principalmente, pelos comerciantes na pretensão à participação nas atividades negociais internacionais, foram concebidas algumas alternativas que proporcionassem aos co-

---

(176) Cf. MELO, Jairo Silva. *Contratos internacionais comerciais e cláusulas* hardship, p. 48.
(177) *Ibidem*.
(178) *Ibidem*.
(179) *Ibidem*.
(180) *Ibidem*, p. 24-25.
(181) *Ibidem*, p. 49.
(182) *Ibidem*, p. 25.

merciantes "(...) um máximo de segurança na contratação internacional, sem que houvesse necessariamente uma vinculação definitiva a uma determinada lei nacional"[183].

Como formas alternativas de contratação internacional, existentes para facilitar as transações comerciais internacionais, pode-se citar: as Convenções Internacionais; as Associações Profissionais[184]; os Contratos-Tipo[185]; as Condições Gerais de Venda[186]; os *Incoterms*[187]; o Crédito Documentário[188] e a Arbitragem[189].

---

(183) MELO, Jairo Silva. *Contratos internacionais comerciais e cláusulas* hardship, p. 50.

(184) As associações profissionais "(...) tiveram início nas corporações surgidas na Idade Média que se reuniam com o fim de favorecer as relações comerciais. Tal iniciativa veio a reduzir significativamente as dificuldades que surgiram na atividade negocial, na medida em que passaram a incentivar a prática de usos e procedimentos comuns, aperfeiçoando-se até o surgimento das modernas associações comerciais internacionais. Atualmente, as associações de profissionais desempenham importante papel no desenvolvimento das relações comerciais internacionais, ao elaborarem e divulgarem a adoção de fórmulas-tipo de contratos, proporcionarem a solução de litígios por via de arbitragem, além de contribuírem para a universalização das práticas comerciais". MELO, Jairo Silva. *Contratos internacionais comerciais e cláusulas* hardship, p. 54.

(185) Contratos-tipo são regulamentações ou fórmulas de contratos padronizadas, com diversos pontos comuns, distinguindo-se geralmente tão só no que tange às particularidades de cada ramo do comércio. Cf. MELO, Jairo Silva. *Contratos internacionais comerciais e cláusulas* hardship, p. 54.

(186) As condições gerais de venda, segundo Lôbo, "(...) constituem regulação contratual predisposta unilateralmente e destinada a se integrar de modo uniforme, compulsório e inalterável a cada contrato de adesão que vier a ser concluído entre o predisponente e o respectivo aderente". LÔBO, Paulo Luiz Neto. *Condições gerais dos contratos e cláusulas abusivas*. São Paulo: Saraiva, 1991. p. 24.

(187) *Incoterms*, sigla em inglês que representa a expressão *International Rules for Interpretacion of Trade (Comercial) Terms*, ou seja, regras internacionais para a interpretação de termos mercantis, que contém fórmulas mercantis sintéticas com aplicação às cláusulas que encerram obrigações do vendedor e do comprador. O propósito do *Incoterms* é fornecer um conjunto de regras internacionais dos termos de comércio mais comumente usados no comércio exterior. Assim, as incertezas de diferentes interpretações de tais termos em países diferentes podem ser evitadas ou pelo menos reduzidas a um grau considerável. Cf. BIZELLI, João dos Santos (Coord.). *INCOTERMS 2000: regras oficiais da ICC para a interpretação de termos comerciais*. Trad. Elisangela Batista Nogueira e Samir Keedi. São Paulo: Aduaneiras, 2000. p.11.

(188) O crédito documentário consiste na prática de origem costumeira, (...) utilizado no comércio internacional para dar garantia e execução às operações de importação e exportação de mercadorias, quando no contrato celebrado o comprador realiza o pagamento do preço por meio de uma carta de crédito a favor do vendedor, a ser emitida por um banco do país ou da praça deste, que saldará o preço contra a entrega dos documentos que menciona, os quais são geralmente a comprovação do embarque da mercadoria e outros documentos necessários ao seu desembaraço aduaneiro no país a que se destina". MELO, Jairo Silva. *Contratos internacionais comerciais e cláusulas* hardship, p. 59.

(189) Cf. ROVIRA, Suzan Lee Zaragoza de. *Estudo comparativo sobre os contratos internacionais*: aspectos doutrinários e práticos, p. 75-77.

Acrescenta-se ainda, a necessidade de se estabelecer previamente as cláusulas especiais que regerão o contrato internacional, visto que podem ser consideradas também como forma alternativa para a contratação internacional[190].

Como conseqüência disso estará mais perto de se alcançar a igualdade preservando-se a vontade inicialmente estabelecida entre as partes pactuantes[191].

A contratação internacional sofre muitos limites principalmente no que diz respeito à teoria do *proper law*, aos elementos de conexão, à escolha da lei aplicável e ao princípio da autonomia da vontade[192].

A teoria do *proper law* dos contratos é fruto da dinâmica do comércio internacional. Ela surgiu nas cortes inglesas no século XIX, mas teve seu apogeu quando as empresas transnacionais adotaram-na para confeccionar "(...) contratos internacionais e uniformizar normas e procedimentos a fim de possibilitar a realização de operações econômicas mais dinâmicas"[193] em contraposição à lentidão dos sistemas jurídicos estatais[194].

O que acontece na *proper law* é a ausência de lei reguladora do contrato por falta de expressa e voluntária previsão no mesmo. Assim, o ajuste escapa de toda lei, valendo o próprio contrato, porém, submetido apenas à vontade das partes, desligado de toda lei nacional[195].

Existem integrantes do comércio internacional que defendem a autonomia da vontade, partindo da idéia de que a *proper law*, estaria dentro da "(...) concepção de um novo direito corporativo autônomo e anacional, que teria se desenvolvido em virtude e à sombra do próprio comércio internacional"[196].

Acrescenta-se que, mesmo no sistema da *proper law*, não se vislumbra uma absoluta autonomia da vontade

> (...) posto que também naquele sistema esbarra a teoria na questão da ordem pública, que igualmente a limita, posto que tal critério encerra uma carga de subjetividade por parte do julgador. Mesmo dirigido por tais parâmetros, ele poderá chegar a um resultado diverso do que as partes efetivamente pretenderam[197].

---

(190) Cf. SANTOS, José Alexandre Rangel dos. *Contratos internacionais do comércio*, p. 57.

(191) PABST, Haroldo. *Direito comercial internacional*: contratos internacionais. Prelo. Blumenau: Fundação Universidade Regional de Blumenau (FURB), 2000. p. 8.

(192) Cf. MELO, Jairo Silva. *Contratos internacionais comerciais e cláusulas* hardship, p. 63-75.

(193) *Ibidem*, p. 67.

(194) *Ibidem*, p. 67.

(195) *Ibidem*, p. 67.

(196) *Ibidem*, p. 68.

(197) ROVIRA, Suzan Lee Zaragoza de. *Estudo comparativo sobre os contratos internacionais*: aspectos doutrinários e práticos, p. 59.

Os elementos de conexão têm a função de "(...) indicar qual o direito aplicável de acordo com as circunstâncias ocorrendo um feito anormal"[198].

"Nada mais são do que elementos fáticos, aos quais um determinado sistema legislativo confere essa valoração, no sentido de indicar a norma aplicável"[199] ao caso concreto. Vários são esses elementos e a doutrina elenca alguns deles como a capacidade das partes, o lugar do cumprimento das obrigações, entre outros[200].

Mesmo havendo o elemento de conexão que aponte para qual direito será aplicável, na prática torna-se evidente "(...) a possibilidade de conflitos de leis e a complexidade do problema que ainda não foi satisfatoriamente resolvido pela doutrina"[201] demonstrando mais um limite à contratação internacional[202].

A escolha da lei aplicável ao contrato é outro problema sério com que se deparam os contratantes internacionais.

Mesmo fazendo referência à lei de um certo país ou criando sistemas jurídicos *sui generis* ou até mesmo remetendo ao direito internacional público ou a um novo sistema jurídico qualquer (*lex mercatoria*[203]) ou ainda a

---

(198) MELO, Jairo Silva. *Contratos internacionais comerciais e cláusulas* hardship, p. 70.

(199) ROVIRA, Suzan Lee Zaragoza de. *Estudo comparativo sobre os contratos internacionais*: aspectos doutrinários e práticos, p. 53.

(200) Cf. MELO, Jairo Silva. *Contratos internacionais comerciais e cláusulas* hardship, p. 70.

(201) *Ibidem*, p. 70.

(202) *Ibidem*, p. 63-70.

(203) Esse movimento teve sua origem na década de 60 (sessenta) conhecido como *jus mercatorum* que, essencialmente supranacional, poderia resolver conflitos de uma forma substitutiva aos direitos estatais muitas vezes acéfalos para o comércio internacional. (Cf. ROVIRA, Suzan Lee Zaragoza de. *Estudo comparativo sobre os contratos internacionais*: aspectos doutrinários e práticos, p. 68.) Essa série de movimentações conquistou os doutrinadores do sistema da *civil law* (a *civil law* representa o direito romanístico que se caracteriza pelo primado do processo legislativo, conferindo valor secundário às demais fontes do direito) e da *comom law* (na *comom law*, ou seja, no sistema anglo-saxão, o direito revela-se pelos usos e costumes e pela jurisprudência bem com fundamenta-se também por estes, portanto é coordenado e consolidado em precedentes jurisprudenciais, baseados em usos e costumes previamente reconhecidos, ao contrário do que ocorre nos países em que vigora o sistema de tradição romanística cuja fonte primordial é a lei) como uma nova fonte do comércio internacional, tendo como objetivo principal proporcionar autonomia às ordens jurídicas das partes contratantes.(Cf. MELO, Jairo Silva. *Contratos internacionais comerciais e cláusulas* hardship, p. 35.). Merece destaque a observação de Garcez que se transcreve por elucidativa e oportuna: "(...) este movimento, de caráter supranacional, proporcionaria normas supletivas, fora das figurações clássicas dos direitos nacionais, para a execução, interpretação e solução de conflitos originários dos contratos internacionais, em face da progressiva insuficiência da estrutura do direito interno dos países para atender às exigências do comércio internacional".(GARCEZ, José Maria Rossani. *Contratos internacionais comerciais*: planejamento, negociação, solução de conflitos, cláusulas especiais e convenções internacionais, p. 20.) Está consideravelmente distante, em termos práticos o "(...) momento em que uma

uma combinação de todos esses fatores, não se tem plena segurança aos interesses das partes⁽²⁰⁴⁾.

Isso ocorre porque há um emaranhado de leis que podem regular a mesma situação, de forma diferente, entre diversos Estados e não há, ainda, uma harmonização das regras aplicáveis aos contratos internacionais[205].

Rovira[206] afirma que as tentativas de harmonização:

> (...) suscitam grandes controvérsias e deram lugar a um verdadeiro 'imbróglio', do qual a vítima é a venda internacional e a controvérsia doutrinária, ante um direito uniforme em matéria de venda, radica na oposição da doutrina clássica, que prega a prevalência em todos os sentidos das premissas do Direito Internacional Privado para a solução dos conflitos de leis, sendo em conseqüência dispensável e até nocivo qualquer movimento no sentido de excluir as soluções previstas em cada sistema legislativo, para a implantação de tal sistema uniforme.

O princípio da autonomia da vontade[207] é aquele, em linhas gerais, em que as partes contratantes internacionais recorrem de sua vontade autônoma para "(...) antecipadamente definir por critérios legais a escolha da lei aplicável à pretensão manifestada quando da celebração do contrato"[208].

Por outro lado, também é um dos maiores limitadores da contratação internacional. Mesmo com todos esses desembaraços, a liberdade de contratar sofre limitações, impostas pelas regras legais de ordem pública, soberania e pelos bons costumes (LICC, art. 17)[209]. Segundo *Theodoro Júnior*[210], isso quer dizer que:

---

verdadeira *lex mercatoria* supranacional, construída como um sistema referencial internacionalmente integrado, estará disponível para atender aos anseios da comunidade internacional de negócios. Não obstante, essa distância, lenta e progressivamente, deverá encurtar-se com o passar do tempo e a evolução dessas normas". GARCEZ, José Maria Rossani. *Contratos internacionais comerciais*: planejamento, negociação, solução de conflitos, cláusulas especiais e convenções internacionais, p. 21.

(204) Cf. MELO, Jairo Silva. *Contratos internacionais comerciais e cláusulas* hardship, p. 72-74.

(205) *Ibidem*, p. 74.

(206) ROVIRA, Suzan Lee Zaragoza de. *Estudo comparativo sobre os contratos internacionais*: aspectos doutrinários e práticos, p. 80.

(207) Destaca-se que a análise do princípio da autonomia da vontade será realizada no capítulo seguinte.

(208) MELO, Jairo Silva. *Contratos internacionais comerciais e cláusulas* hardship, p. 63.

(209) Art. 17. As leis, atos e sentenças de outro país, bem como quaisquer declarações de vontade, não terão eficácia no Brasil, quando ofenderem a soberania nacional, a ordem pública e os bons costumes.

(210) THEODORO JÚNIOR, Humberto. *O contrato e seus princípios*, p. 17.

(...) a vontade pode amplamente determinar o aparecimento do contrato e definir o seu conteúdo, mas não pode fazê-lo contrariando aquilo que o legislador disciplinou como matéria de ordem pública, por reconhecer, nas circunstâncias, a ocorrência de interesse público em nível superior ao interesse privado dos contratantes.

Aliada a essa vontade individual, se:

(...) traduz que a noção de autonomia da vontade, deverá ser considerada como limitação, o elemento legalidade, de acordo com o nosso Direito Positivo, compreendendo a ordem pública, a soberania nacional e os bons costumes, bem como a fraude no plano da intencionalidade individual[211].

Existem, portanto, limitações a esse poder, "tanto de ordem legal como de ordem conjuntural"[212]. Assim as limitações ora mencionadas dependerão da lei aplicável ao contrato. *Granziera*[213] faz a seguinte observação pertinente ao tema que segue:

(...) a corroborar essa assertiva, temos que os preceitos legais relativos aos contratos possuem caráter supletivo e, portanto, apenas são aplicáveis no caso de as partes terem omitido ou deixado de adotar, expressamente, uma regra específica.

Strenger[214] explica o fenômeno da manifestação da vontade jurídica, observando que a mesma deve ser livre, todavia, ao mesmo tempo conformando-se como o direito, ou seja, com as normas de *jus cogens*.

Não obstante as grandes dificuldades e limitações existentes ao DIPr, a tentativa de harmonização e até mesmo de uniformização de suas regras em matéria de conflito de leis no espaço, não pode deixar de ser considerada válida, porque se não solucionar perfeitamente o problema da "(...) ocorrência dos fatos interjurisdicionais, serve todavia para operacionalizar os contratos internacionais, trazendo resultados satisfatórios em determinados casos"[215].

---

(211) MELO, Jairo Silva. *Contratos internacionais comerciais e cláusulas* hardship, p. 64.
(212) GRANZIERA, Maria Luiza Machado. *Contratos internacionais:* negociação e renegociação, p. 86.
(213) *Ibidem*, p. 87-88.
(214) Cf. STRENGER, Irineu. *Contratos internacionais do comércio*, p. 117-118. Jus cogens são entendidas como leis imperativas internas dos territórios e regras de ordem pública reconhecidas internacionalmente. Cf. Convenção de Viena sobre direito dos tratados (1969).
(215) MELO, Jairo Silva. *Contratos internacionais comerciais e cláusulas* hardship, p. 75.

No próximo capítulo será abordado o princípio da autonomia da vontade, lançando-se notas introdutórias para a compreensão das suas origens histórico-filosóficas, bem como algumas considerações sobre a vontade, com as implicações dos limites desta autonomia na contratação internacional e seus reflexos ditados pelas normas de ordem pública e as imperativas.

Capítulo 2

O PRINCÍPIO DA AUTONOMIA DA VONTADE

2.1 Critérios da autonomia da vontade; 2.1.1 Notas introdutórias acerca das origens histórico-filosóficas; 2.1.2 Considerações sobre a vontade; 2.2 A autonomia da vontade como um princípio; 2.2.1 Particularidades na origem conceitual; 2.2.2 Síntese conceitual e alguns aspectos dos limites à contratação em geral; 2.3 Limites à autonomia da vontade; 2.3.1 Considerações aos limites da autonomia da vontade na contratação internacional; 2.3.2 As normas de ordem pública e as imperativas.

2.1 CRITÉRIOS DA AUTONOMIA DA VONTADE

Para a percepção do significado da autonomia da vontade, torna-se necessário um breve estudo das suas origens histórico-filosóficas e o apontamento de algumas questões sobre a vontade propriamente dita.

2.1.1 Notas introdutórias acerca das origens histórico-filosóficas

As mudanças são freqüentes nos diversos ramos das ciências. Durante toda a História, a humanidade as tem assistido. A autonomia da vontade, por conseqüência, prossegue, enfrentando tais alterações, que podem ser sentidas de forma mais intensa a partir da metade do século XX.

Especialmente no século XX, percebeu-se uma profunda alteração do tecido social, gerando transformações de paradigmas com o aumento da civilização de massa e o avanço do processo de globalização[1].

A vontade, aliada à autonomia, representa o binômio que intensifica as relações sociais, como esclarece *Kunh*[2]:

---

(1) Cf. KUNH, João Lace. *A autonomia da vontade nos contratos do Mercosul*. In: FRANCESCHINI, Luis Fernando; WACHOWICZ, Marcos. (Coord.) *Direito internacional privado*: negócios internacionais, contratos, tecnologia. Curitiba: Juruá, 2001. p. 43-44.

(2) *Ibidem*.

(...) a vontade, qualquer que seja sua inflexão teórica, resulta sempre na dignificação do indivíduo, sendo o único elemento capaz de produzir efeitos jurídicos. A autonomia, poder de dar a si próprio ordenamentos diferentes daqueles impostos por outro, aliada à vontade, gera o binômio alavancador das relações sociais, especialmente aquelas guiadas pelo espírito democrático.

Neste sentido, a autonomia significa, em linhas gerais, a liberdade nativa das partes, quando da escolha de seu próprio regramento, submetido aos contratos confeccionados por pessoas livres, tendo um objeto lícito e possível[3].

A autonomia da vontade encontra sua origem em Roma e posteriormente, ficou consagrada "(...) na Lei das XII tábuas, dando sustentáculo à *Lex privata*, que se baseava nos negócios privados"[4]. Contudo, não apresentava a conotação que se conhece atualmente.

O princípio da autonomia da vontade teve sua trajetória determinada por desdobramentos. No Direito Canônico[5], estava relacionado "(...) à questão do pecado, ou seja: o não cumprimento da palavra dada era considerado perjúrio"[6].

Observa-se uma evolução da vontade, desprendendo-se da religião, quando da análise da escolástica[7] tardia, que se preocupou com tal elemento[8].

Destacam-se nesta época, o teólogo *Scot*[9] e seu discípulo *Ockham*[10].

---

(3) KUNH, João Lace. *A autonomia da vontade nos contratos do Mercosul*, p. 45.

(4) OLIVEIRA, Ubirajara Mach de. In: *Ajuris* 71, nov./97, Porto Alegre, p. 160. *Apud*: KUNH, João Lace. *A autonomia da vontade nos contratos do Mercosul*, p. 48.

(5) Conforme as regras, especialmente aquelas da Igreja Católica: Direito Canônico, Direito Eclesiástico.

(6) KUNH, João Lace. *A autonomia da vontade nos contratos do Mercosul*, p. 48.

(7) Ensino filosófico próprio da Idade Média Ocidental, fundamentado na tradição aristotélica e inseparável da teologia, cujo ponto máximo de elaboração foi o tomismo: *o racionalismo rompeu com a escolástica medieval*. Cf. Enciclopédia Koogan-Houaiss digital, 2004.

(8) Cf. KUNH, João Lace. *A autonomia da vontade nos contratos do Mercosul*, p. 48.

(9) John Duns Scot, teólogo, nascido na Escócia por volta de 1270 e falecido em 1308, estava inserido no contexto da nova tendência filosófica britânica defendendo a tese de que a abstração e a silogística escolástica eram consideradas insuficientes para que o homem fosse capaz de compreender as coisas. Para Scot, as verdades da fé não podem ser compreendidas e demonstradas pela razão. Em conseqüência, separa, radicalmente, a teologia da filosofia e não admite que a primeira possa ter qualquer fundamentação racional, devendo apoiar-se exclusivamente na revelação. Cf. SCOT, Jonh Duns. *Escritos filosóficos*. Trad. e notas de Carlos Arthur Nascimento e Raimundo Vier. São Paulo: Nova Cultural, 1989 (Os pensadores). p. 7.

(10) William of Ockham, nascido no condado de Surrey, Inglaterra, por volta de 1290 e falecido em torno de 1349, conhecido como discípulo de Duns Scot, levou os elementos de dissolução,

Scot[11] inovou, ao acentuar o individual ou singular frente ao universal. Nesta teoria pode-se citar como base fundamental a redescoberta do indivíduo em dois aspectos, a saber: um teológico e outro antropológico.

Kunh[12] alerta que, do ponto de vista antropológico elaborado por *Scot*,

> (...) a lógica do seu pensamento parte da ação humana. Para ele, qualquer ação do homem pressupõe a existência de liberdade, e esta, por sua vez é atributo da vontade. É claro que a vontade tem uma relação muito próxima com a razão, mas a capacidade de decidir não se confunde com a inteligência humana.

No âmbito teológico, há divergência entre seus antecessores, principalmente com *Santo Agostinho*[13] e *Santo Tomás de Aquino*[14], quando o primeiro afirmou a existência de uma lei eterna, sem elucidar, todavia, a sua origem. É certo que tem como causa determinante Deus, "(...) mas seria fruto da razão ou da vontade divina?" [15].

No caso de *Santo Tomás de Aquino*, a oposição ocorre no que diz respeito ao problema das relações entre a razão e a fé. Para ele, as essências constituem-se universais, que tornam inteligíveis os seres particulares. Desse modo, o conhecimento só poderia ocorrer com o domínio das essências universais, aquelas formas mediante as quais são determinados todos os seres individuais. Essa tese é rebatida por *Scot*, ao asseverar que o universal e o individual estão contidos indistintamente na essência. Isso significa que o real não é pura universalidade, pois se fragmenta nos diferentes indivíduos[16].

Ockham potencializou as idéias de *Scot*, o que proporcionou profundas conseqüências no desenvolvimento posterior da filosofia, dissociando-a da pura e simples universalidade baseada na fé, para acrescentá-la a razão do indivíduo[17], ou seja, a primeira noção de Direito subjetivo.

---

pregados por Scot, muito mais adiante, anunciando as inovações renascentistas e abrindo caminho para o espírito da modernidade. Cf. OCKHAM, William. *Seleção de obras*. Trad. de Carlos Lopes de Mattos. São Paulo: Nova Cultural, 1989 (Os pensadores). p. 8.

(11) Cf. KUNH, João Lace. *A autonomia da vontade nos contratos do Mercosul*, p. 48-9. e Cf. SCOT, Jonh Duns. *Escritos filosóficos*, p. 7-8.

(12) *Ibidem*, p. 49.

(13) Santo Agostinho, nascido em Tagaste, Numídia, na África, por volta de 354 e falecido em torno de 430. Cf. AGOSTINHO, Santo. *Confissões de Magistro*. 4. ed. Trad. de J. Oliveira Santos e A. Ambrósio de Pina. São Paulo: Nova Cultural, 1987 (Os pensadores). p. 19-20.

(14) Santo Tomás de Aquino, nascido no castelo Roccasecca, perto de Aquino (Reino das duas Sicílias), Itália, no ano de 1225 e falecido em 1274. Cf. AQUINO, Santo Tomás; ALIGHIERI, Dante. *Seleção de textos*. Trad. Luiz João Baraúna *et al*. São Paulo: Nova Cultural, 1988 (Os pensadores). p. 6.

(15) KUNH, João Lace. *A autonomia da vontade nos contratos do Mercosul*, p. 49.

(16) Cf. SCOT, Jonh Duns. *Escritos filosóficos*, p. 8.

(17) *Ibidem*.

Possivelmente a obra de *Dumoulin*[18], a saber: *Das escolas estatutárias,* seja o marco inicial da autonomia da vontade em épocas não muito distantes. Este jurisconsulto é visto como o fundador de uma teoria da autonomia da vontade no Direito Internacional[19].

Sua visão totalizadora do fenômeno jurídico, "(...) expressada no célebre pensamento *cessante ratione legis, cessat lex*, entreviu em inúmeras ocasiões o desempenho da vontade na solução do conflito de leis"[20].

Originou-se, assim, a idéia de que a vontade das partes contratantes,

> (...) sendo a lei do contrato, levaria estas a ter o poder de determinar elas mesmas as leis que deveriam reger a validade dos efeitos e que quando (...) deixam de fazer, a tal respeito, a escolha em termos expressos, esta última resultará de sua vontade presumida, regida essa vontade pelas regras do direito interno[21].

Dessa nova concepção da razão, surgiu um outro expoente, *Hugo Grotius*[22], quando apresentou a distinção do direito voluntário dos homens derivado da vontade de Deus, com base no Direito Natural como fonte única das obrigações[23].

Grotius teve a seu crédito o fato de ter formulado pela primeira vez, cautelosamente, a hipótese ímpia[24] de prescindir do papel constituinte de Deus na formação de um direito do gênero humano, o qual, portanto, teria vigência ainda que admitida a inexistência de Deus[25].

O Direito Natural visto pela óptica moderna de *Grotius*, configura-se na razão e não em vontade. Porém, isto não quer dizer que tal Direito careça de legitimidade e de vigência; ao contrário, foi estabelecido um considerável

---

(18) Charles Dumoulin, nascido em Paris, França no ano de 1500 e falecido em 1566, é considerado o maior jurisconsulto francês especialista em Direito consuetudinário. Cf. Enciclopédia Koogan-Houaiss Digital, 2004.

(19) Cf. STRENGER, Irineu. *Da autonomia da vontade:* direito interno e internacional. 2. ed. São Paulo: LTr, 2000, p. 87.

(20) *Ibidem*, p. 92.

(21) *Ibidem*, p. 94.

(22) Jurista holandês, nascido em Delft, no ano de 1583 e falecido em 1645, tido como fundador do Direito Internacional e autor da famosa obra: *O direito da guerra e da paz*. Cf. Enciclopédia Koogan-Houaiss Digital, 2004.

(23) Cf. AMARAL NETO, Francisco dos Santos. *A autonomia privada como poder jurídico*. In: Estudos em homenagem ao professor Caio Mario da Silva Pereira. Rio de Janeiro: Forense, 1994. p. 292.

(24) Adjetivo que serve para relatar desprezo à religião.

(25) Cf. GROTIUS, Hugo. *O direito da guerra e da paz*. v. 1. Trad. Ciro Mioranza. Ijuí: Editora Unijuí, 2004. p. 14.

espaço ao Direito produzido pela vontade[26], a partir de Deus, "(...) que instituiu mandamentos particulares, próprios de um lugar, de um tempo, de uma confissão"[27].

Como se observa,

> (...) de fato, o homem tem a mais que os demais seres animados, não somente as disposições para a sociabilidade de que falamos, mas um juízo que lhe permite apreciar as coisas, presentes e futuras, capazes de agradar ou ser prejudiciais e também aquelas coisas que podem levar a isso. Concebe-se que é conveniente à natureza do homem observar, dentro dos limites da inteligência humana, na busca dessas coisas, a conformação de um juízo sadio, o fato de não se deixar levar por um ímpeto temerário.
>
> O que está em oposição a um tal juízo deve ser considerado como contrário também ao direito da natureza, isto é, da natureza humana[28].

Com a influência do humanismo de *Grotius*, ou seja, com a valorização do homem como centro do sistema, percebe-se, claramente, a libertação do Direito em relação à Religião, pois "(...) se Deus não era mais o centro do mundo jurídico, este centro passa a ser o homem, que é capaz de escolher os seus rumos. O indivíduo passa a ser o elemento ao qual tudo é redutível"[29].

Na questão referente ao cumprimento de acordos, *Grotius* empregava um julgamento mais amplo de Direito Natural, no qual se poderia incluir tudo aquilo que não lhe era contrário, considerando-se justo o que não era injusto, destacando

> (...) que esse direito difere do direito humano e também do direito divino voluntário que não prescreve nem proíbe coisas obrigatórias ou lícitas por si mesmas e por sua própria natureza, ao contrário, torna as coisas ilícitas ao vetá-las e obrigá-las, ao ordená-las[30].

Portanto, os ajustes devem ser cumpridos fielmente, correspondendo a manifestação de vontade dos indivíduos pactuantes, ainda que o resultado não seja aquele por estes esperado[31].

---

(26) Cf. GROTIUS, Hugo. *O direito da guerra e da paz*, p. 22.
(27) *Ibidem*, p. 22.
(28) *Ibidem*, p. 39-40.
(29) KUNH, João Lace. *A autonomia da vontade nos contratos do Mercosul*, p. 49.
(30) GROTIUS, Hugo. *O direito da guerra e da paz*, p. 79.
(31) Cf. KUNH, João Lace. *A autonomia da vontade nos contratos do Mercosul*, p. 50.

Nessa linha de pensamento, convém citar *Hobbes*[32] e *Locke*[33], que contribuíram para o fortalecimento das idéias voluntaristas e individualistas.

Locke, de forma especial, na sua lógica de raciocínio, trouxe argumentos teóricos para o liberalismo inglês, influenciando o Direito como um todo, notadamente na área contratual, esclarecendo "(...) a questão da autonomia da vontade como princípio básico e central"[34].

O expoente ímpar para o estabelecimento do liberalismo capitalista foi *Smith*[35]. Para o economista, "(...) os movimentos de mercado controlariam necessariamente os resultados econômicos do trabalho e do capital"[36].

Neste aspecto,

---

(32) Thomas Hobbes, filósofo inglês, nascido na aldeia de Westport, adjacente a Malmesbury, no Wiltshire, Inglaterra, no ano de 1588 e falecido em 1679. Sua obra mais famosa, *Leviatã* (1651), trata de teoria política. Nesse livro, Hobbes nega que o homem seja um ser naturalmente social. Afirma, ao contrário, que os homens são impulsionados apenas por considerações egoístas. Cf. Enciclopédia Koogan-Houaiss Digital, 2004. Cf. HOBBES, Thomas. *Leviatã*. Trad. de João Paulo Monteiro e Maria Beatriz Nizza da Silva. 4. ed. São Paulo: Nova Cultural, 1988.(Os pensadores). p. 7-19.

(33) Jonh Locke, filósofo inglês, nascido na cidade de Bristol, Inglaterra, no ano de 1632 e falecido em 1704. Rejeitou as idéias inatas: a fonte de nossos conhecimentos seria a experiência, isto é, a sensação ajudada pela reflexão. Suas idéias exerceram grande influência sobre a ciência política e a filosofia. Suas obras mais importantes são *Carta sobre a Tolerância* (1689), *Um Ensaio sobre o Entendimento Humano* (1690) e *Dois Tratados sobre o Governo* (1690). Segundo Locke, uma vida boa é uma vida de prazer. Prazer e dor seriam idéias que acompanhavam quase todas as experiências humanas. Para ele, a ação ética implicava determinar que ato, numa dada situação, poderia produzir maior prazer e, então, realizar esse ato. Também acreditava que Deus estabelecera uma lei divina, a qual poderia ser conhecida por meio da razão. Desobedecê-la seria moralmente errado. Locke achava que a lei divina e o princípio do prazer eram compatíveis. Considerava que o homem, por sua própria natureza, tinha certos direitos e deveres. Esses direitos incluíam liberdade, vida e posse de propriedade. Ao falar de liberdade, Locke referia-se à igualdade política. A tarefa de qualquer Estado seria a de proteger os direitos humanos. Os Estados incomodam os homens de várias maneiras. Portanto, pensava ele, a justificação para a existência do Estado deveria ser encontrada em sua capacidade de proteger os direitos humanos melhor do que poderiam os indivíduos por sua própria conta. Locke afirmou que, não agindo o governo de modo adequado a proteger os direitos de seus cidadãos, estes têm o direito de procurar outros governantes. Entendia que as pessoas deveriam decidir quem iria governá-las. Cf. Enciclopédia Koogan-Houaiss Digital, 2004. Cf. LOCKE, Jonh. *Ensaio acerca do entendimento humano*. Trad. de Anoar Aiex. São Paulo: Nova Cultural, 1988.(Os pensadores). p. 8-18.

(34) KUNH, João Lace. *A autonomia da vontade nos contratos do Mercosul*, p. 50.

(35) Adam Smith, economista escocês nascido em Kirkcaldy, no ano de 1723 e falecido em 1790. É considerado, geralmente, o fundador da economia moderna. Sua principal obra é: *Investigação sobre a Natureza e as Causas da Riqueza das Nações*. Publicado em 1776, foi o primeiro livro completo sobre economia política. Cf. Enciclopédia Koogan-Houaiss digital, 2004.

(36) SOUZA, José Carlos Martins de. *Economia política*: história dos fatos econômicos e conceitos fundamentais. 2. ed. São Paulo: José Bushatsky, 1979. p. 98. *Apud*: SANTOS, Eduardo Sens dos. *A função social do contrato*. Florianópolis: OAB/SC Editora, 2004. p. 32.

A liberdade propeliria a economia, a divisão do trabalho e, qualquer intervenção estatal seria indesejável. Toda produção, consumo, emprego, salários, lucro e crescimento econômico adviriam de leis naturais, que regulariam o mercado. A mão invisível tomaria as rédeas da economia e traria desenvolvimento à sociedade[37].

Dessa forma, *Smith*, atendendo ao momento histórico-político da Revolução Francesa[38], "(...) propôs a doutrina do liberalismo, pela qual somente com ampla liberdade o mercado caminharia para o crescimento saudável e progressivo. A livre concorrência e a divisão do trabalho seriam os princípios reguladores do sistema"[39].

A partir das idéias de *Smith*, pode-se verificar o surgimento de duas concepções do liberalismo, a saber: o liberalismo ético e o liberalismo utilitarista[40].

Segundo *Norberto Bobbio*,

(...) ambas as concepções rompem ou se encontram em ruptura potencial com a formulação específica do individualismo, oferecida pela filosofia do direito natural e do contrato; ambas colocam a realização dos direitos do homem como fim absoluto[41].

A diferença entre as duas concepções está principalmente na origem. O liberalismo ético tem seu princípio em *Rousseau*[42], encontrando em

---

(37) SANTOS, Eduardo Sens dos. *A função social do contrato*, p. 32.

(38) A Revolução Francesa (1789-1799) foi o conjunto dos movimentos revolucionários que puseram fim, na França, ao Antigo Regime. Os dez anos decorridos entre 1789 e 1799 foram caracterizados por um período de lutas e violência na França. A Revolução Francesa teve início quando Luís XVI convocou os Estados Gerais para fornecer dinheiro ao seu governo falido, finalizado no momento em que Napoleão Bonaparte tornou-se o primeiro cônsul da França. Durante esses dez anos, milhares de aristocratas, inclusive o rei e a rainha, morreram na guilhotina. Líderes revolucionários destacaram-se, depois perderam a popularidade e acabaram também morrendo na guilhotina. No início da revolução, o poder supremo na França pertencia teoricamente ao rei; no fim, o poder passara às mãos da grande classe média em expansão. Os reis Bourbons voltaram ao trono em 1814 e 1815, após cada uma das derrotas de Napoleão. O governo absoluto, porém, chegou ao fim. A revolução não transformou a França em uma democracia, mas estabeleceu no país uma monarquia com poderes limitados. Cf. Enciclopédia Koogan-Houaiss digital, 2004.

(39) GASTALDI, J. Petrelli. *Elementos de economia política*. 13 ed. São Paulo: Saraiva, 1978. p. 39. *Apud*: SANTOS, Eduardo Sens dos. *A função social do contrato*, p. 33.

(40) Cf. BOBBIO, Noberto; MATTEUCCI, Nicola e; PASQUINO, Gianfranco. *Dicionário de política*. Trad. de Carmem C. Varriale *et al.* v. 2. 12. ed. Brasília: Editora Universidade de Brasília, 2004. p. 689.

(41) *Ibidem*, p. 689.

(42) Jean Jaques Rousseau, nascido em Genebra, Suíça, no ano de 1712 e falecido em 1778. Foi escritor e filósofo suíço de língua francesa. Um dos escritores mais importantes do

Kant⁽⁴³⁾ um dos seus maiores expoentes. O liberalismo utilitarista⁽⁴⁴⁾ é procedente de *Hobbes*, estabelecendo-se por *Jeremy Bentham*⁽⁴⁵⁾ e *Jonh Stuart Mill*⁽⁴⁶⁾.

Destaca-se que, para ambas as idéias (ética e utilitarista), o liberalismo é semelhante ao individualismo, compreendendo não só a

(...) defesa do indivíduo como ente central da sociedade, mas também a luta ferrenha contra qualquer órgão ou organismo intermediário

---

Iluminismo, um movimento cultural do século XVIII. Sua filosofia política exerceu grande influência no surgimento da Revolução Francesa. Rousseau acreditava que o homem não era um ser social por natureza. Achava que na época em que os homens viviam em estado natural, isolados e sem fazer uso da linguagem, eles eram bons, isto é, não tinham motivos ou impulsos para ferirem uns aos outros. Mas, assim que os homens começaram a viver juntos em sociedade, tornaram-se maus. Segundo Rousseau, a sociedade corrompe os homens, porque traz à tona as inclinações à agressão e ao egoísmo. Foi o autor de diversas obras, entre elas, a clássica denominada *Do contrato social*. Cf. ROUSSEAU, Jean Jaques. *Do contrato social; Ensaios sobre as origens das línguas*. Trad. de Lourdes Santos Machado. 4. ed. São Paulo: Nova Cultural, 1987.(Os pensadores). p. 7-20.

(43) Immanuel Kant, nascido numa pequena cidade da Prússia, Königsberg, Alemanha, no ano de 1724 e falecido em 1804. O problema central de sua principal obra, *Crítica da Razão Pura* (1781), é a natureza e os limites do conhecimento humano. Questionou o que conhecemos através dos sentidos e colocou a razão no centro de sua filosofia crítica. Seu trabalho marcou época, porque estabeleceu as principais diretrizes para o desenvolvimento da filosofia contemporânea. Cf. KANT, Immanuel. *Crítica da razão pura*. Trad. de Valério Rohden e Udo Baldur Moosburger. 3. ed. São Paulo: Nova Cultural, 1987. (Os pensadores). p. 7-18. Cf. Enciclopédia Koogan-Houaiss digital, 2004. Cf. *1724 nasce Immanuel Kant*. Agência Deutschewelle, São Paulo, 13 jul. 2004. Disponível em: <http://www.deutschewelle.de/brazil/0,3367, 2192_A_ 501652,00.html> Acesso em: 13 jul. 2004.

(44) O Liberalismo utilitarista objetivava a maior felicidade para o maior número de pessoas. O que trouxer esta felicidade tem utilidade. Qualquer coisa que seja um obstáculo a ela é inútil. Os utilitaristas afirmavam que o sinal mais definido de felicidade é o prazer. Essa idéia foi desenvolvida inicialmente por Bentham. O termo *utilitarismo* não era empregado, até que John Stuart Mill, discípulo de Bentham, formou a Sociedade Utilitarista, em 1823. Esta associação tornou-se um grande centro do pensamento liberal e ajudou na realização de várias reformas. Cf. Enciclopédia Koogan-Houaiss digital, 2004.

(45) Jeremy Bentham, nascido no bairro londrino de Hondstich, Inglaterra, no ano de 1748 e falecido em 1832. Filósofo inglês fundou a escola filosófica conhecida como *utilitarismo*. Acreditava que as idéias, instituições e atos deveriam ser julgados com base em sua utilidade. Bentham definiu utilidade como a capacidade de produzir felicidade. Cf. BENTHAM, Jeremy. *Uma introdução aos princípios da moral e da legislação*. Trad. Luiz João Baraúna. São Paulo: Nova Cultural, 1989. (Os pensadores). p. 7-11. Cf. Enciclopédia Koogan-Houaiss Digital, 2004.

(46) Jonh Stuart Mill, nascido em Londres, no ano de 1806 e falecido em 1873. Filósofo e economista inglês da escola experimental, tornou-se o líder do movimento utilitarista. John Stuart Mill foi um dos pensadores mais avançados de seu tempo. Procurou ajudar a classe trabalhadora inglesa mediante a promoção de medidas destinadas à melhor divisão dos lucros. Cf. MILL, Jonh Stuart. *Sistema de lógica dedutiva e indutiva*. Trad. João Marcos Coelho. São Paulo: Nova Cultural, 1989. (Os pensadores). p. 71-78. Cf. Enciclopédia Koogan-Houaiss Digital, 2004.

entre o indivíduo e o Estado, ou seja, na vida política ou econômica não se admitem associações ou grupos de classe que representem, defendam ou anulem o indivíduo[47].

Neste contexto, embasado pela filosofia do não intervencionismo do Estado na vida econômica dos particulares[48], reforça-se a idéia de que o indivíduo tem autonomia para gerir seus próprios interesses por meio dos contratos[49], devendo arcar com as responsabilidades daí advindas[50].

O Estado aparece apenas para assistir uma das partes, quando a outra provoca uma quebra das regras estabelecidas contratualmente, impedindo que o pacto seja completamente concluído. Frisa-se que, pelas teorias anteriormente apresentadas, surgiu uma nova modelagem social, em razão das novas condições socioeconômicas que floresceram, alterando os conceitos, inclusive quanto ao direito de propriedade[51].

Como se percebe, o século XIX foi marcado pelas teorias do individualismo e do voluntarismo, resultantes de transformações na sociedade, no final do século XVIII. Estas teorias são o fundamento para esse processo, "(...) justamente quando as condições sociais propiciavam, e até pediam, um alicerce filosófico para as transformações sociais, econômicas, culturais e políticas iminentes" [52].

Marx[53] alertou para o fato de que "(...) o sistema de servidão que existia

---

(47) KUNH, João Lace. *A autonomia da vontade nos contratos do Mercosul*, p. 51.

(48) Também conhecida como a filosofia do *laissez-faire*, palavra francesa que indica não interferência ou não ingerência do Estado nas atividades econômicas dos cidadãos. Cf. Enciclopédia Koogan-Houaiss Digital, 2004.

(49) Esclarece-se que a liberdade de contratar é diferente da liberdade contratual. A primeira seria a liberdade de realizar ou não um contrato, e a segunda a liberdade de determinar as cláusulas que regerão o pacto. Cf. SANTOS, Eduardo Sens dos. *A função social do contrato*, p. 31, nota 54.

(50) Cf. KUNH, João Lace. *A autonomia da vontade nos contratos do Mercosul*, p. 51.

(51) A ligação com a propriedade imobiliária alterou-se, com a necessidade de possuir propriedades imóveis para ser digno de direitos e, portanto, poder expressar sua vontade. Cf. PRATA, Ana. *A tutela constitucional da autonomia privada*. Lisboa: Livraria Almedina, 1978. p. 7. *Apud*: KUNH, João Lace. *A autonomia da vontade nos contratos do Mercosul*, p. 52.

(52) KUNH, João Lace. *A autonomia da vontade nos contratos do Mercosul*, p. 52.

(53) Karl Heinrich Marx, filósofo, cientista social e revolucionário alemão, nascido em Trier, Prússia, Alemanha, no ano de 1818 e falecido em 1883. Poucos têm exercido no mundo uma influência tão grande e duradoura quanto a sua. É considerado o principal idealizador do socialismo e do comunismo revolucionário. Foi algumas vezes ignorado ou mal compreendido, até mesmo pelos seus seguidores. Contudo, muitas das ciências sociais, especialmente a sociologia, têm sido influenciadas pelas suas teorias. Vários dos cientistas sociais importantes do final do século XIX e do século XX só podem ser inteiramente compreendidos quando se percebe a maneira pela qual eles estavam reagindo às idéias de Marx. *O Capital* foi a principal obra do filósofo, que levou cerca de 30 anos para escrevê-la. O primeiro volume

no feudalismo teve de ser abolido, propiciando o surgimento da força de trabalho necessária à revolução industrial"[54].

Relatou, ainda, que quando "(...) os servos da gleba foram destituídos da sua terra de onde retiravam seu sustento e das garantias da estrutura feudal[55] viram-se obrigados a vender seu próprio trabalho"[56].

Segundo *Marx*, este é um dos requisitos para a manutenção do capitalismo, que está baseado na relação entre trabalho assalariado e capital, mais exatamente na valorização do capital pela mais-valia extorquida ao trabalhador[57].

O capitalismo, na sua concepção, consiste, portanto, "(...) num modo de produção baseado na extorsão da mais-valia através do mais-trabalho do trabalhador que é 'explorado' porque obrigado a vender 'livremente' a sua força-trabalho a quem possui dinheiro e os meios de produção"[58].

Em síntese, diante deste novo quadro mercantil, foi necessária a participação de grande parte da sociedade nas operações comerciais, como condição para sua conservação e desenvolvimento[59].

Esta situação retrata o importante papel da vontade livre das partes, na influência das diretrizes do mercado e no reconhecimento do Direito Internacional Público e Privado.

Como relata *Kunh*[60],

> (...) o mercado, esta entidade abstrata e de difícil definição, passa a ser considerado pelos economistas e filósofos políticos. Mais uma

---

surgiu em 1867. Engels trabalhou nos segundo e terceiro volumes, baseados nos manuscritos de Marx. Ambos os volumes foram publicados após a sua morte. O quarto volume existe apenas como um conjunto de apontamentos dispersos. Em *O Capital*, Marx expôs a sua visão do sistema da livre-empresa. Para ele, esse era o mais eficiente e dinâmico sistema econômico inventado. Marx, porém, via nesse sistema defeitos que acabariam por destruí-lo, mediante períodos cada vez mais graves de inflação e depressão. O maior defeito do sistema da livre-empresa, segundo ele, é a acumulação de riquezas e a incapacidade de empregá-las sabiamente. Conseqüentemente, Marx via a acumulação de riquezas ser acompanhada por uma rápida propagação da miséria humana. Cf. Enciclopédia Koogan-Houaiss Digital, 2004. Cf. MARX, Karl. *Manuscritos econômicos e filosóficos e outros textos escolhidos*. Trad. de José Carlos Bruni *et al.* 4. ed. São Paulo: Nova Cultural, 1987. (Os pensadores). p. 7-20.

(54) KUNH, João Lace. *A autonomia da vontade nos contratos do Mercosul*, p. 53.
(55) Confira o conceito na nota 14.
(56) KUNH, João Lace. *A autonomia da vontade nos contratos do Mercosul*, p. 53.
(57) Cf. BOBBIO, Norberto; MATTEUCCI, Nicola e PASQUINO, Gianfranco. *Dicionário de política*, p. 142.
(58) *Ibidem*.
(59) Cf. KUNH, João Lace. *A autonomia da vontade nos contratos do Mercosul*, p. 53.
(60) *Ibidem*.

vez, à vontade livre é reconhecido papel importantíssimo, já que é vista como uma condição e um poder do indivíduo em sua participação ativa no ciclo produtivo. E assim, a vontade individual é erguida à condição de valor supremo, tanto do Direito Privado como do Direito Público.

Por outro lado, inobstante toda a evolução contratual influenciada pelo Iluminismo[61], no século XIX a África foi repartida em quarenta e oito Estados, "(...) redesenhando-se o mapa do mundo sem qualquer preocupação com a realidade etnocultural e de forma a assentar as já grandes empresas dos ricos capitalistas"[62], o que proporcionou mudanças radicais de cultura e a inevitável servidão destes países.

O ser humano espoliado estava sendo distanciado da liberdade, igualdade e fraternidade pregadas pela Revolução Francesa[63] e os chamados contratos paritários passaram a ser exceção na história da cultura.

O neoliberalismo[64] e a globalização[65] proporcionaram a quebra de paradigmas, aumentando a distância entre os não detentores da riqueza e os possuidores do capital[66].

O crescimento da sociedade urbana de massa, com grande carga de "(...) hipossuficiência em relação aos grupos empresariais"[67], determina a ruptura substancial da igualdade, ocasionando o declínio da aplicação da autonomia da vontade.

---

(61) O Iluminismo ou idade da razão representa o período na história em que os filósofos deram ênfase ao uso da razão como o melhor método para chegar-se à verdade. Teve início no século XVII, estendendo-se até o final do século XVIII. O Iluminismo também é chamado de *Século das Luzes*. Entre seus líderes, figuram vários filósofos franceses: o marquês de Condorcet, René Descartes, Denis Diderot, Jean Jacques Rousseau e Voltaire, e o filósofo inglês John Locke. Cf. Enciclopédia Koogan-Houaiss Digital, 2004. Cf. BOBBIO, Norberto; MATTEUCCI, Nicola e PASQUINO, Gianfranco. *Dicionário de política*, p. 605.

(62) BURKE, James; ORNSTEIN, Robert. *O presente do fazedor de machados*: os dois gumes da história da cultura humana. Trad. de Pedro Jorgensen Júnior. Rio de Janeiro: Bertrand Brasil, 1998. p. 230-231. *Apud*: SANTOS, Eduardo Sens dos. *A função social do contrato*, p. 46.

(63) Como, por exemplo, o método de administração das colônias portuguesas e belgas, em que se obrigavam os nativos a reduzir a tal ponto sua cultura de subsistência que acabavam sem alimento, de modo que as companhias oficiais podiam importar comida e vendê-la a preços exorbitantes, subjugando-os. Cf. SANTOS, Eduardo Sens dos. *A função social do contrato*, p. 47.

(64) Forma moderna do liberalismo, que permite uma intervenção limitada do Estado, no plano jurídico e econômico. Cf. Enciclopédia Koogan-Houaiss Digital, 2004.

(65) Confira a conceituação e contextualização do processo de globalização no capítulo anterior, no item 1.3.1.

(66) Cf. SANTOS, Eduardo Sens dos. *A função social do contrato*, p. 48.

(67) KUNH, João Lace. *A autonomia da vontade nos contratos do Mercosul*, p. 53.

A importância do aludido princípio precisa ser destacada, estudada e enquadrada neste percurso histórico e filosófico, observando-se as suas implicações práticas no direito obrigacional internacional.

2.1.2 Considerações sobre a vontade

Para a compreensão do princípio da autonomia da vontade, deve-se observar o que se entende por vontade, abordando-se os seus caracteres gerais e a sua função essencial.

Os caracteres gerais são representados pela problemática de compreensão do fenômeno vontade que, apesar da constante investigação científica em todos os seus matizes, enfrenta inúmeras dificuldades, pois entre o homem e a vontade há uma imensa relação inseparável[68].

Esta circunstância conduz à hipótese de que a vontade "(...) surge como um caráter fenomênico do intelecto"[69].

René Descartes[70] assinala que a vontade marca a semelhança do ser humano no uso de suas faculdades racionais com Deus. Não porque a vontade seja quantificada na mesma grandeza, pois que em Deus esta é infinita, mas porque tanto em Deus quanto no ser humano racional a vontade representa o poder absoluto do sim e do não[71].

A vontade em Deus é incomparavelmente maior do que no espírito humano, exatamente porque Deus é inigualavelmente superior em conhecimento e poder[72].

No entanto, o espírito humano pode conduzir a um fazer ou deixar de fazer, a um afirmar ou negar, a um perseguir ou fugir às coisas que o entendimento nos propõe e, todavia, alguma destas formas de agir não ser orientada por "(...) força exterior que nos obrigue a tanto"[73].

---

(68) Cf. STRENGER, Irineu. *Da autonomia da vontade:* direito interno e internacional, p. 23.

(69) *Ibidem.*

(70) René Descartes, filósofo, matemático e cientista francês, nascido em La Haye, Touraine (hoje Descartes), no ano de 1596 e falecido em 1650. Muitos filósofos o consideram pai da filosofia moderna. A ênfase de Descartes no uso da razão, como principal instrumento da investigação filosófica, teve mais tarde grande influência sobre a filosofia, a matemática e a ciência. Seu sistema tornou-se conhecido como filosofia cartesiana.Cf. Enciclopédia Koogan-Houaiss Digital, 2004. Cf. DESCARTES, René. *Discurso do método*; *As paixões da alma.* Trad. J. Guinsburg e Bento Prado Júnior. 4. ed. São Paulo: Nova Cultural, 1987. (Os pensadores). p. 8-20.

(71) Cf. DESCARTES, René. *Meditações*; *Objeções e respostas cartas.* Trad. de J. Guinsburg e Bento Prado Júnior. 4. ed. São Paulo: Nova Cultural, 1987-1988. (Os pensadores), p. 50.

(72) *Ibidem.*

(73) *Ibidem.*

Descartes arremata que, se o espírito humano "(...) conhecesse sempre claramente o que é verdadeiro e o que é bom, nunca estaria em dificuldade para deliberar que juízo ou que escolha deveria fazer"[74], e conclui que o poder da vontade recebido pelo espírito humano por Deus não é em si mesmo a causa dos erros cometidos. Ocorre que a vontade é muito mais ampla e extensa que o entendimento[75].

Percebe-se que a vontade pode ser caracterizada pela presença de conflito entre duas tendências, que têm por objeto o fim da ação[76].

Reale[77] entende que a filosofia contemporânea caracteriza-se por uma revalorização dos processos intuicionais, "(...) no sentido de mostrar que o homem não é apenas portador da razão, nem tampouco um ser que só pela razão logra atingir o conhecimento"[78].

Desta forma, "(...) há certas coisas que só se conhecem plenamente através dos elementos que a afetividade, a vontade ou a intelecção pura nos fornecem"[79].

Para *Strenger*[80], a vontade representa uma

> (...) transfiguração dos nossos instintos pelas exigências do mundo objetivo que nos dá a capacidade de executar os atos da razão.
>
> Nesse sentido, compreender-se-á que a vontade ao passar para o plano do direito não se dissolve na experiência jurídica, perdendo sua contextura filosófica, mas, ao contrário, reassume, em toda plenitude sua condição totalizadora, porquanto somente a vontade em toda sua extensão possui uma verdadeira consciência no sentido do conhecimento da finalidade.

Essencialmente, a vontade tem como função a redução ou o aumento do processo pelo qual o homem está dotado de natural mobilidade, no sentido de dar uma direção à vida[81].

Todo este fluxo deverá variar conforme a "(...) intensidade ou não dos impulsos ou exigências subjetivas, mas também de todas as inclinações re-

---

(74) DESCARTES, René. *Meditações; Objeções e respostas cartas*, p. 51.
(75) *Ibidem*.
(76) Cf. STRENGER, Irineu. *Da autonomia da vontade:* direito interno e internacional, p. 24.
(77) Miguel Reale, ensaísta e jurista brasileiro, nascido em São Bento do Sapucaí, São Paulo, no ano de 1910. Membro da Academia Brasileira de Letras. Cf. Enciclopédia Koogan-Houaiss Digital, 2004.
(78) REALE, Miguel. *Filosofia do direito*. 20. ed. São Paulo: Saraiva, 2002. p. 132-133.
(79) STRENGER, Irineu. *Da autonomia da vontade:* direito interno e internacional, p. 25.
(80) *Ibidem*, p. 27-28.
(81) *Ibidem*, p. 28.

sultantes da dinâmica existencial"[82], observando-se o temperamento, as inclinações e os sentimentos, o eu social e o eu autônomo, como forças que tendem a determinar nossos atos, os quais podem ser fáceis ou difíceis, segundo acompanhem ou não nossas tendências[83].

Esta definição demonstra que a autonomia não deve ser compreendida em sentido estrito. Estará relacionada à presença de um dever, como também ao exercício efetivo do comportamento humano, "(...) visto na perspectiva de uma função múltipla variável, que no direito, particularmente, se dá em razão da dimensão externa da vida" [84].

Portanto, verifica-se a presença da liberdade[85] que, segundo *Tércio Sampaio Ferraz Júnior*[86], é preciosa para reconhecer "(...) o direito subjetivo como uma realidade por si, (...) o direito objetivo apenas a reconhece e lhe dá as condições de exercício".

Seria a nova noção de liberdade da era moderna, que tem como princípio o livre arbítrio, uma qualidade da vontade expressa no querer, de que partilham todos os homens, independentemente do seu *status*[87].

Desta forma, a liberdade, representada pela expressão necessária do reconhecimento da dignidade moral da pessoa humana, é indispensável ao fim próprio do homem[88]. A disposição deste preceito, para o ser humano, importa na decisão, por sua própria conta, "(...) em tudo aquilo que direta ou indiretamente afeta a realização dos seus fins. Daí o princípio da autonomia ou liberdade que o direito deve garantir como esfera intangível"[89].

---

(82) STRENGER, Irineu. *Da autonomia da vontade:* direito interno e internacional, p. 28.

(83) Cf. MOTAIGNE, Michel de. *Ensaios.* Trad. de Sérgio Milliet. 4. ed. São Paulo: Nova cultural, 1987 (Os pensadores). p. 89-91. Michel Eyquem de Montaigne, escritor francês, nascido em 1533, no castelo de Montaigne, e falecido em 1592. Considerado por muitos o criador do ensaio pessoal. Ainda hoje, certos escritores costumam imitar seu estilo informal e coloquial. Os ensaios de Montaigne revelam sua independência intelectual, seu humor e sua rica experiência da vida e da literatura. Cf. Enciclopédia Koogan-Houaiss Digital, 2004.

(84) STRENGER, Irineu. *Da autonomia da vontade:* direito interno e internacional, p. 55.

(85) Foi também neste momento que Dumoulim desenvolveu a sua teoria na França sobre a autonomia da vontade, ao apresentá-la em um parecer que ficou conhecido com *affaire Ganey*. Cf. STRENGER, Irineu. *Da autonomia da vontade:* direito interno e internacional, p. 92-100.

(86) FERRAZ JÚNIOR, Tércio Sampaio. *Introdução ao estudo do direito*: técnica, decisão, dominação. 2. ed. São Paulo: Atlas, 1996. p. 148.

(87) A noção de livre arbítrio serviu à generalização da pessoa como elemento identificador do ser humano: o homem como pessoa ou como ser livre. Cf. FERRAZ JÚNIOR, Tércio Sampaio. *Introdução ao estudo do direito*: técnica, decisão, dominação, p. 147. Cf. ARAUJO, Nadia. *Contratos internacionais*: autonomia da vontade, Mercosul e convenções internacionais. 2. ed. Rio de Janeiro: Renovar, 2000. p. 35, nota 2.

(88) Cf. STRENGER, Irineu. *Da autonomia da vontade:* direito interno e internacional, p. 56.

(89) *Ibidem*.

2.2 A AUTONOMIA DA VONTADE COMO UM PRINCÍPIO

O entendimento do princípio da autonomia da vontade remete ao exame de algumas particularidades na sua origem conceitual, como também à abordagem de alguns aspectos dos limites para a contratação internacional, que na seqüência serão apresentados.

2.2.1 Particularidades na origem conceitual

O desenvolvimento do princípio da autonomia da vontade pode ser atribuído ao jurista francês do século XVI, *Charles Dumoulin*, quando dos primeiros julgados franceses sobre DIPr[90].

Dumoulin foi um inovador, contribuindo sobretudo no progresso que imprimiu à regra de conflitos em matéria de contratos[91].

Naquele tempo[92] aplicava-se ao fundo dos contratos a lei do lugar de conclusão, porque deveria presumir-se que as partes, tacitamente, haviam assim admitido.

Porém, *Dumoulin*, na lógica daquela época, que na essência do contrato seria aplicada a lei do lugar da conclusão e se presumiria que as partes haviam querido submeter-se a ela, acrescentou que seria plenamente possível pensar na aplicação de outra lei se as partes manifestassem uma intenção diferente, ou seja, estava lançado o embrião do desenvolvimento das idéias da autonomia da vontade na definição da lei aplicável aos contratos internacionais[93].

Para chegar-se a esta concepção da vontade criadora de direitos e obrigações, foi necessário que a filosofia[94], na progressiva marcha secular, espiritualizasse o Direito para desemaranhar

---

(90) Cf. ARAUJO, Nadia. *A autonomia da vontade nos contratos internacionais*: situação no Brasil e no Mercosul. Disponível em: <http://www.femperj.org.br/artigos/cons/ac08.htm> p. 8. (nota 3). Acesso em: 28 nov. 2003. Cf. STRENGER, Irineu. *Da autonomia da vontade:* direito interno e internacional, p. 92.

(91) Principalmente quando do parecer do caso "affaire Ganey", em que a questão versava a respeito de saber se a comunidade estabelecida pelo costume de Paris, entre cônjuges casados sem contrato, estende-se aos bens situados dentro da jurisdição de uma lei que organiza o regime diferente. A solução alvitrada por Dumoulin foi no sentido de assimilar ao regimento explicitamente querido aquele que apenas o foi tacitamente e presuntivamente desejado, atribuindo ao contrato tácito ou presuntivo os mesmos efeitos extraterritoriais do contrato expresso. Cf. STRENGER, Irineu. *Da autonomia da vontade:* direito interno e internacional, p. 92.

(92) Meados do século XVI.

(93) Cf. ALONSO, Ramón Silva. *Derecho internacional privado*: teoría general, derecho civil internacional e derecho comercial internacional. 5. ed. actualizada y aumentada. 2. tiragem. Asunción: Intercontinental, 2002. p. 60.

(94) Como enfoque destacado nos itens 2.1.1 e 2.1.2.

(...) a vontade pura das formas materiais pelas quais se dava, que a religião cristã impusesse aos homens a fé na palavra escrupulosamente guardada, que a doutrina do direito natural ensinasse a superioridade do contrato, fundado a própria sociedade sobre o contrato, que a teoria do individualismo liberal afirmasse a concordância dos interesses privados livremente debatidos sobre o bem público[95].

O Código Napoleônico[96] pode ser entendido como uma das primeiras sistematizações codificadas acerca da expressão, que remete à aplicação da autonomia da vontade como forma de lei entre as partes contratantes, quando dispunha no seu art. 1.134 que "(...) as convenções legalmente formadas têm o valor das leis para aqueles que a fizeram"[97].

Esta disposição demonstra que a autonomia da vontade reinara naquela época e, posteriormente, conhecendo-se o exagero do poder absoluto do pacto[98], buscaram-se algumas limitações contemporâneas, como, por exemplo, as normas imperativas[99].

Para buscar a conceituação do princípio da autonomia da vontade, faz-se necessário, primeiramente, referendar uma distinção doutrinária a seu respeito.

Noronha[100] alerta que a expressão autonomia da vontade vem sendo substituída por autonomia privada, pois "(...) nas obrigações contratuais o fundamental não é a vontade das partes, mas apenas saber-se que o ordenamento jurídico atribui a estas o poder de auto-regulamentarem os seus interesses e relações, na esfera privada".

---

(95) RIPERT, Georges. *A regra da moral nas obrigações civis*. Trad. de Osório de Oliveira. Campinas: Bookseller, 2000. p. 53.

(96) Nome que se dá, na França, ao código que enfeixa os preceitos do Direito Civil, com autonomia das normas específicas do Direito Penal. Em 1800, Napoleão Bonaparte designou uma comissão de juristas para que reunisse as leis francesas de Direito Civil em um código único. O código entrou em vigor em 1804. Neste mesmo ano, depois que Napoleão tornou-se imperador da França, o código passou a ser conhecido como *Código Napoleônico*. Sua denominação oficial, no entanto, é *Código Civil*. O Código Napoleônico representou uma fusão entre os dispositivos do Direito Romano, observados no sul da França, e os imperativos dos costumes e hábitos, registrados no norte. Foi, ainda, resultado de concessões entre idéias da Revolução Francesa e outras mais antigas. Ofereceu nova liberdade aos indivíduos, mas manteve institutos jurídicos menos evoluídos, como os que diziam respeito ao direito de herança. O Código Napoleônico influenciou a ciência jurídica da Europa, da América do Sul, do Estado de Louisiana, nos EUA, e da província de Quebec, no Canadá. Sua influência, porém, tem declinado. Mesmo na França, tem sido substituído, progressivamente, por novas leis e decisões judiciais que vêm afetando sua sistemática. Cf. Enciclopédia Koogan-Houaiss Digital, 2004.

(97) RIPERT, Georges. *A regra da moral nas obrigações civis*, p. 53.

(98) *Ibidem*, p. 53-54.

(99) Tais limitações serão abordadas nos itens 2.3.1 e 2.3.2.

(100) NORONHA, Fernando. *O direito dos contratos e seus princípios fundamentais*: autonomia privada, boa-fé, justiça contratual. São Paulo: Saraiva, 1994. p. 112.

Esta distinção conceitual doutrinária do princípio da autonomia privada e da autonomia da vontade é também apresentada por *Sens dos Santos*[101]. Relata o autor que a principal diferenciação entre a autonomia da vontade e a autonomia privada "(...) consiste na análise da carga subjetiva ou objetiva que contenham"[102].

Sobre outro aspecto, a primeira (autonomia da vontade) corresponde à vontade subjetiva, psicológica, interna, e a segunda (autonomia privada) equivale à vontade declarada, exteriorizada[103].

O conceito da autonomia da vontade teve indiscutivelmente a contribuição de vários filósofos e pensadores, entre eles, alguns se sobressaíram, a saber: *Kant* e *Rousseau*[104]. Estes concorreram para o reconhecimento da vontade das partes como criadora livre do contrato, estabelecendo cláusulas que seriam suficientes para o reconhecimento da justiça de um contrato, desprezando qualquer outra investigação[105].

Nesta linha de raciocínio, procura-se "(...) a fonte de todos os compromissos numa vontade expressa ou tácita, e ensina-se que a vontade pode sempre criar um compromisso lícito" [106].

A obrigação, assim, passa a ser traduzida pela "(...) manifestação do direito natural, que assiste a todo homem de se obrigar e, portanto, de manifestar uma liberdade que ele não pôde alienar"[107]. Mas a lei civil, segundo *Ripert*, encontra problemas nesta força contratual, quando procura a extensão do princípio da autonomia da vontade ou se preocupa com a igualdade que deve reinar entre os contratantes, no sentido de determinar os efeitos da desigualdade das prestações e encarar o problema da lesão[108].

---

(101) Cf. SANTOS, Eduardo Sens dos. *A função social do contrato*, p. 70.

(102) *Ibidem*, p. 71.

(103) Neste mesmo sentido, Francisco Amaral Neto, Luigi Ferri, Santoro Passareli, Ascarelli Esposito, Tedeschi Carnelutti, Pergolesi, Santi Romano, Salvatore Romano, Danz, Kelsen e outros. Cf. SANTOS, Eduardo Sens dos. *A função social do contrato*, p. 71. (nota 25)

(104) "(...) Kant conceitua a autonomia da vontade a partir do pressuposto de que a vontade individual seria a única fonte de obrigações, (...) transforma a autonomia da vontade em imperativo categórico: 'se a vontade é a única fonte de obrigações, ela também vem a ser considerada a fonte única da justiça'". Rousseau "(...) via o homem como ser naturalmente livre, que somente abandonaria essa liberdade quando por ela mesma (pela sua atuação livre) com isso consentisse - as restrições a esse direito só poderiam ser impostas pelo próprio homem, a partir de sua vontade exteriorizada de maneira livre". SANTOS, Eduardo Sens dos. *A função social do contrato*, p. 71. Confira também os apontamentos dispostos no item 2.1.1.

(105) Cf. SANTOS, Eduardo Sens dos. *A função social do contrato*, p. 71.

(106) RIPERT, Georges. *A regra da moral nas obrigações civis*, p. 54.

(107) *Ibidem*, p. 54.

(108) *Ibidem*, p. 55.

2.2.2 Síntese conceitual e alguns aspectos dos limites à contratação em geral

O princípio da autonomia da vontade, frente todas as considerações acima destacadas, pode ser compreendido como a liberdade de contratar[109] que, para *Orlando Gomes*[110], significa

> (...) o poder dos indivíduos de suscitar, mediante declaração de vontade, efeitos reconhecidos e tutelados pela ordem jurídica. No exercício desse poder, toda pessoa capaz tem aptidão para provocar o nascimento de um direito, ou para obrigar-se. A produção de efeitos jurídicos pode ser determinada assim pela vontade unilateral, como pelo concurso de vontades. Quando a atividade jurídica se exerce mediante contrato, ganha grande extensão. Outros conceituam a autonomia da vontade como um aspecto da liberdade de contratar, no qual o poder atribuído aos particulares é o de traçar determinada conduta para o futuro, relativamente às relações disciplinares da lei.

Na concepção de *Monteiro*[111], a mercê do princípio da autonomia da vontade, os contratantes têm "(...) ampla liberdade para estipular o que lhes convenha, fazendo assim do contrato verdadeira norma jurídica, já que o mesmo faz lei entre as partes".

Alerta, ainda, que em virtude do princípio da autonomia da vontade "(...) que é a chave do sistema individualista e o elemento de mais colorido na conclusão dos contratos, são as partes livres de contratar, contrariando ou não o vínculo obrigacional"[112].

O princípio da autonomia da vontade, segundo *Maria Helena Diniz*, consiste para as partes "(...) no poder de estipular livremente, como melhor lhes convier, mediante acordo de vontades, a disciplina de seus interesses, suscitando efeitos tutelados pela ordem jurídica"[113].

Percebe-se, pelo conceito acima, que a liberdade de contratar manifesta-se por três aspectos[114], quais sejam: a faculdade de contratar e não contra-

---

(109) Liberdade esta que abrange os poderes de auto-gerência de interesses, de livre discussão das condições contratuais e, por fim, de escolha do tipo de contrato conveniente à atuação da vontade. Cf. GOMES, Orlando. *Contratos*, p. 26-27.

(110) GOMES, Orlando. *Contratos*, p. 22.

(111) MONTEIRO, Washington de Barros. *Curso de direito civil*: direito das obrigações. v. 5. 31. ed. rev. e atual. São Paulo: Saraiva. 1999. p. 9.

(112) MONTEIRO, Washington de Barros. *Curso de direito civil*: direito das obrigações, p. 9.

(113) DINIZ, Maria Helena. *Curso de direito civil brasileiro:* teoria das obrigações contratuais e extra-contratuais, vol. 3. 12. ed. rev. São Paulo: Saraiva, 1997. p. 31.

(114) No mesmo sentido, Gomes, quando menciona que o princípio da autonomia da vontade, apresenta um tríplice aspecto, a saber: a) a liberdade de contratar propriamente dita; b) a

tar, ou seja, o livre arbítrio de decidir, segundo interesses de conveniência de cada um dos contratantes, abordando quando e se realmente será estabelecido um negócio jurídico com outrem; a liberdade de escolha da pessoa com quem contratar;[115] a liberdade de fixar o conteúdo do contrato, lançando cláusulas, simplesmente pela livre conveniência dos pactuantes[116].

Como regra na contratação, respeita-se a autonomia da vontade dos estipulantes, não obstante as restrições a eles aventadas.

A liberdade de contratar sofre limitações de caráter geral, impostas pelas regras legais de ordem pública e pelos bons costumes. Isto quer dizer que

> (...) a vontade pode amplamente determinar o aparecimento do contrato e definir o seu conteúdo, mas não pode fazê-lo contrariando aquilo que o legislador disciplinou como matéria de ordem pública, por reconhecer, nas circunstâncias, a ocorrência de interesse público em nível superior ao interesse privado dos contratantes[117].

Ressalta-se que, desde as primeiras oportunidades nas quais se buscou a utilização da liberdade de contratar, jamais se conseguiu definir com precisão estas limitações à autonomia da vontade. As regras de ordem pública e os bons costumes tiveram diversas interpretações e conceitos, próprios da ampliação ou restrição do pensamento dominante em cada época e país, patrocinado pelas idéias morais, religiosas, filosóficas e políticas[118], antes sinteticamente apresentadas[119].

No sistema capitalista observa-se a prática da liberdade de contratar e tem-se a impressão de que o Estado abstém-se no momento da formação contratual[120].

O princípio da igualdade de todos perante a lei[121] conduz a uma teórica indiferença da ordem jurídica. Presume-se, pela situação das partes contratantes, que o contrato seja carregado de livre discussão e as pretensões antagônicas levantadas no seu curso, de forma a alcançar, ao final, um fim comum[122].

---

liberdade de estipular o contrato; c) a liberdade de estipular o conteúdo do contrato. Cf. GOMES, Orlando. *Contratos*, p. 26.

(115) Cf. DINIZ, Maria Helena. *Curso de direito civil brasileiro:* teoria das obrigações contratuais e extracontratuais, p. 31.

(116) Cf. THEODORO JÚNIOR, Humberto. *O contrato e seus princípios*, p. 16.

(117) *Ibidem*, p. 17.

(118) Cf. GOMES, Orlando. *Contratos*, p. 24.

(119) Confira a construção histórica exposta no item 2.1.1.

(120) Cf. GOMES, Orlando. *Contratos*, p. 26.

(121) Princípio consagrado pela Constituição da República Federativa do Brasil de 1988, art. 5º, *caput*.

(122) Cf. GOMES, Orlando. *Contratos*, p. 26.

Portanto, em princípio, a limitação à liberdade de contratar deveria ser voluntária, bem como os efeitos jurídicos do pacto realizado.

A existência de partes iguais e livres poderia tornar esta regra patente, mas o flagrante abuso da liberdade de contratar inspirou medidas legislativas enérgicas tendentes a limitá-la, na máxima que "(...) entre o forte e o fraco é a liberdade que escraviza e a lei que liberta"[123].

Assim, verifica-se que a autonomia da vontade representa uma política de não intervenção, correspondente, no plano jurídico, à concepção liberal do Estado. Porém observa-se que na atualidade não se defende a conservação das primeiras concepções da filosofia clássica, irradiante da tendência liberal.

Busca-se um novo sentido para esta liberdade, com postulados fundamentais fixados no sentido de uma definição mais precisa das contemporâneas matrizes filosóficas do direito contratual[124].

Desta maneira, por meio das leis de ordem pública, desvia-se o contrato de seu leito natural para conduzi-lo ao comando do dirigismo contratual[125], que impõe vedações categóricas, não admitindo que as partes as revoguem ou as modifiquem[126].

Quanto aos bons costumes, aqueles que se cultivam como condições de moralidade social, o contrato sempre buscou respeitá-los, como barreiras éticas impostas independentemente da prévia e expressa previsão legal[127].

O direito contratual vive uma perceptível evolução,

> (...) em que o princípio da autonomia da vontade tem sofrido questionamentos variados, com reflexos constantes sobre o direito positivo, de maneira a dar ao dirigismo contratual quase que uma prevalência sobre a tradicional liberdade privada de regularem as próprias partes seus negócios jurídicos contratuais[128].

Esta evolução deixa claro que, atualmente, não se pode só pensar nos direitos individuais, por existirem entre as pessoas contratantes notáveis diferenças na ordem econômica, jurídica e social. Aponta-se como conseqüência

---

(123) LACORDAIRE. *Tendences actuelles du contrat. Apud:* GOMES, Orlando. *Contratos,* p. 30.

(124) Cf. GOMES, Orlando. *Contratos,* p. 30.

(125) "A expressão 'dirigismo contratual' significa para Josserand, seu criador, que o contrato se tornou uma operação dirigida, seja pelo poder público, legislador ou juiz, seja por um só dos contratantes, que impõe sua fórmula e suas condições ao outro". LACORDAIRE. *Tendences actuelles du contract. Apud:* GOMES, Orlando. *Contratos,* p. 26, nota 10.

(126) Cf. THEODORO JÚNIOR, Humberto. *O contrato e seus princípios,* p. 17.

(127) *Ibidem,* p. 17.

(128) *Ibidem,* p. 18.

deste progresso a regulamentação legal do contrato, a fim de coibir abusos advindos da desigualdade econômica[129], "(...) com acentuação tônica sobre o período da ordem pública, que sobreleva o respeito pela intenção das partes, já que a vontade destas obrigatoriamente tem que submeter-se àquele"[130].

A difícil manutenção do equilíbrio entre as forças individuais e coletivas é notável e o total liberalismo é censurável. Porém, o excesso de intervenção estatal no domínio do contrato é incompatível com as idéias de liberdade e autonomia associadas aos direitos do homem no Estado democrático em que se vive[131].

2.3 LIMITES À AUTONOMIA DA VONTADE

Para a análise da autonomia da vontade torna-se essencial o estudo dos seus limites, abordando-se as respectivas implicações na contratação internacional e os reflexos ocasionados pelas normas de ordem pública e as imperativas.

2.3.1 Considerações aos limites da autonomia da vontade na contratação internacional

A universalização da vida e das ações humanas proporciona uma série de efeitos jurídicos que merecem ser encarados de forma isolada pelos países e de maneira coletiva pelas sociedades regionais e internacionais[132].

O Direito Internacional Privado (DIPr) apresenta diversas concepções na análise do seu objeto. Provavelmente sob a óptica francesa, este seja mais amplo, abrangendo a matéria sob quatro pontos, a saber: 1) a nacionalidade; 2) a condição jurídica do estrangeiro; 3) o conflito das leis e; 4) o conflito de jurisdições[133]-[134].

No Brasil, pode-se dizer que há discordância quanto a este objeto do DIPr. Alguns autores[135] entendem que "(...) o objeto se circunscreve ao con-

---

(129) Cf. THEODORO JÚNIOR, Humberto. *O contrato e seus princípios*, p. 19-20.

(130) *Ibidem*, p. 21.

(131) *Ibidem*, p. 21-22.

(132) Cf. DOLINGER, Jacob. *Direito internacional privado*: parte geral. 6. ed. ampl. e atual. Rio de Janeiro: Renovar, 2001. p.1.

(133) Há ainda um quinto ponto levantado por Antoine Pillet, referente aos direitos adquiridos na dimensão internacional. Cf. PILLET, Antoine. *Principes de droit internacional privé*. Paris: Pedone Éditeur, 1903. p. 27. *Apud*: DOLINGER, Jacob. *Direito internacional privado*: parte geral, p.1.

(134) Cf. DOLINGER, Jacob. *Direito internacional privado*: parte geral, p.1.

(135) Cf. ESPÍNDOLA, Eduardo. *Elementos de direito internacional privado*. Rio de Janeiro: Jacintho Ribeiro dos Santos, 1925. p. 23. Cf. CASTRO, Amílcar de. *Direito internacional*

flito de leis, aceitando, todavia, que se estude a nacionalidade e a condição jurídica do estrangeiro como pressupostos didáticos da disciplina" [136].

Porém, a denominação da disciplina sofre algumas críticas, pois, como a principal fonte[137] do Direito Internacional Privado é a legislação interna de cada sistema, não haveria cabimento falar-se em Direito Internacional, posto que a autoria de suas regras é interna e não internacional. O DIPr, assim, é regido pelas normas produzidas pelo legislador interno[138].

Outra questão na nomenclatura internacional é de que esta denominação transmite a idéia de uma relação jurídica entre Estados, quando na verdade o DIPr "(...) praticamente só trata de interesses de pessoas privadas, sejam físicas ou jurídicas, e quando cuida dos interesses do Estado, este figura tão-somente como membro da sociedade comercial internacional, mas não na sua manifestação de ente soberano" [139].

Desta forma, percebe-se que o DIPr é uma ciência, que tem como principal objetivo a resolução de conflitos das leis, determinando regras para a opção dentre as mesmas e apresentando caráter eminentemente nacional.

O nome Direito Privado Internacional[140], apesar das críticas, refere-se satisfatoriamente à esfera internacional dos envolvidos.

A mais adequada denominação é a utilizada pelos anglo-americanos, conhecida como *Conflict of Laws*[141], pois se refere ao principal objeto do

---

privado. Rio de Janeiro: Forense, 1956. p. 39-69. São autores favoráveis ao objeto minimalista da disciplina. Cf. BEVILÁQUA, Clóvis. *Princípios elementares de direito internacional privado*. 3. ed. Rio de Janeiro: Freitas Bastos. 1938. p. 125. Cf. VALLADÃO, Haroldo. *Direito internacional privado*. v. I. 5. ed. Rio de Janeiro, 1973. p. 44. São defensores do objeto abrangente.

(136) Cf. DOLINGER, Jacob. *Direito internacional privado*: parte geral, p. 2.

(137) No DIPr, está nítida a preponderância das fontes internas, observando-se como demais fontes formais, além da Lei, a Doutrina e a Jurisprudência. Pode-se considerar ainda como fontes informais do DIPr os Tratados e as Convenções. Cf. DOLINGER, Jacob. *Direito internacional privado*: parte geral, p. 63-71.

(138) DOLINGER, Jacob. *Direito internacional privado*: parte geral, p. 6.

(139) *Ibidem*, p. 7.

(140) Denominação formulada pela primeira vez por Joseph Story, nos EUA, em 1843, ganhando aceitação quase universal. Cf. STORY, Joseph. *Comentarios sobre el conflicto de las leyes*. Trad. Clodomiro Quiroga. 8. ed. Buenos Aires: Felix Lajouane editor, 1891. p. 12. *Apud*: DOLINGER, Jacob. *Direito internacional privado*: parte geral, p. 8.

(141) A denominação *Conflict of Laws* é atribuída a Ulrich Huber, holandês, que intitulou sua obra clássica *De conflictu legum diversarum in diversis imperis*. Alguns autores anglo-americanos utilizaram a denominação *Private International Law*, a saber: G C. Cheshire, na Inglaterra e Arthur K. Kuhn, nos EUA assim intitularam seus estudos; por sua vez, J. H C. Morris tem uma obra sobre *Conflict of Laws* e foi o atualizador da obra clássica britânica sob o mesmo título, de Dicey, mas também escreveu *Cases on Private International Law*. Cf. DOLINGER, Jacob. *Direito internacional privado*: parte geral, p. 9.

DIPr e "(...) abrange todo tipo de conflito, inclusive de natureza jurisdicional, a denominação é completa pois eles não incluem no objeto da disciplina a nacionalidade e a condição jurídica do estrangeiro"[142].

Apesar das considerações acima, vislumbra-se que no Brasil e na imensa maioria dos demais Estados do mundo utiliza-se como denominação à ciência em destaque a de Direito Internacional Privado, que, para o entendimento de *Jacob Dolinger*[143], refere-se ao

> (...) estudo das relações jurídicas do homem na sua dimensão internacional, na defesa de seus direitos no plano extraterritorial, abrange o exame de sua nacionalidade, o estudo de seus direitos como estrangeiro, as jurisdições a que poderá recorrer e às quais poderá ser chamado, o reconhecimento das sentenças proferidas no exterior, assim como as leis que lhes serão aplicadas.
>
> O Direito Internacional Privado não mais se restringe – como se sustentou outrora – a instituições do direito privado; atua igualmente no campo do direito público: questões fiscais, financeiras, monetário-cambiais, penais e administrativas assumem aspectos internacionais e exigem que se recorra a regras e princípios do Direito Internacional Privado.

Na seara do DIPr, o princípio da autonomia da vontade está diretamente relacionado com a indicação da lei aplicável aos CIC bem como à liberdade das partes determinarem expressamente a lei a ser aplicada aos seus contratos. Entretanto, é necessário impor-lhes limites, com o intuito de não haver transgressões às normas que compõem o ordenamento jurídico do país que está recepcionando o contrato, como assevera *Nádia Araujo*[144]:

> Na ordem interna, autonomia significa que as partes podem fixar livremente o conteúdo dos contratos dentro dos limites da lei, ou seja, em face das normas imperativas e da ordem pública. É o poder reconhecido pela ordem jurídica e aos indivíduos de criar situações jurídicas.
>
> Por outro lado, na ordem internacional, a autonomia da vontade significa a liberdade das partes de escolherem outro sistema jurídico para regular o contrato. Isso quer dizer que a autonomia das partes no DIPr, tem por objeto a designação de uma lei aplicável ao contrato.

Cumpre destacar que a possibilidade das partes contratantes selecionarem a norma aplicável aos contratos existe somente para os contratos

---

(142) DOLINGER, Jacob. *Direito internacional privado*: parte geral, p. 9.
(143) *Ibidem*, p. 3.
(144) ARAUJO, Nadia. *Contratos internacionais*: autonomia da vontade, Mercosul e convenções internacionais. 2. ed. rev. e ampl. Rio de Janeiro: Renovar, 2000. p. 43.

internacionais, pois estão unidos a mais de um sistema jurídico e, neste sentido, é indispensável saber de qual conjunto de regras será a lei que regerá as obrigações entre os pactuantes[145].

A partir deste momento, a expressão autonomia da vontade será utilizada apenas no sentido de liberdade dotada às partes no objetivo de estabelecer a legislação aplicável aos seus contratos internacionais.

Esta autonomia individual "(...) é o grande motor dos atos jurídicos, notadamente dos contratos, dos quais forma o denominador comum" [146].

Como exposto anteriormente, nota-se que a vontade das partes representa a essência do acordo, a exteriorização da vinculação a determinado efeito jurídico, o poder da auto-regulamentação de interesses e a liberdade de estipular e estruturar o conteúdo deste contrato internacional[147].

Neste sentido, *Araujo*[148] esclarece que os elementos da autonomia da vontade podem ser vistos sob a óptica de três planos:

> (...) de uma parte, o princípio da autonomia aparece como meio privilegiado de designação da lei estatal aplicável a um contrato internacional. De outro lado, o princípio permite às partes subtraírem o seu contrato ao direito estatal. Finalmente, a autonomia da vontade seria um instrumento de aperfeiçoamento do direito por causar a eliminação do conflito de leis, pois suas normas reguladoras emudeceriam em razão da liberdade internacional das convenções.

Em regra geral, na esfera da contratação internacional, abrangida pela autonomia da vontade, as partes poderiam poupar preocupações quanto ao Direito efetivamente aplicável aos seus contratos, uma vez que por meio de suas intenções escolheriam a lei aplicável às suas relações obrigacionais.

Porém, já se vislumbrou que existem limites a esta regra geral, impostos com o propósito de que não haja transgressão às normas integrantes dos ordenamentos jurídicos dos países que irão recepcionar o contrato.

Repete-se, a legislação eleita pelos pactuantes será aceita desde que não haja violação a estes limites, a saber: as normas de ordem pública e as normas imperativas.

---

(145) Cf. LINHARES, Karla. *A ordem pública e as normas imperativas como limites à autonomia da vontade nos contratos internacionais*. Monografia (trabalho de conclusão de curso) – Curso de Direito, Universidade do Vale do Itajaí (UNIVALI), Biguaçu, 2001. p. 38.
(146) STRENGER, Irineu. *Da autonomia da vontade:* direito interno e internacional, p. 17.
(147) Cf. LINHARES, Karla. *A ordem pública e as normas imperativas como limites à autonomia da vontade nos contratos internacionais*, p. 38.
(148) ARAUJO, Nadia. *Contratos internacionais*: autonomia da vontade, Mercosul e convenções internacionais, p. 43.

Qualquer embate com estas normas pode fazer com que a lei adotada pelas partes perca sua validade. Por esta razão, entende-se que é conveniente tecer algumas considerações acerca das mesmas.

Destaca-se que não há a pretensão de examinar-se minuciosamente outras limitações à aplicação do Direito estrangeiro em relação à questão da autonomia da vontade, tanto no plano interno, como no externo. Frisa-se que a sucinta abordagem é restrita aos possíveis efeitos das normas de ordem pública e das normas imperativas, como entraves às estipulações convencionadas pelas partes quando da confecção de seus contratos.

2.3.2 As normas de ordem pública e as imperativas

A idéia de **normas de ordem pública** é originária da distinção entre os *estatutos odiosos* e os *estatutos favoráveis*, realizada por *Bártolo*[149], em que os primeiros não poderiam ser aplicados fora das cidades nas quais haviam sido promulgados, contendo em seu bojo princípios de ordem pública[150].

Neste contexto, partindo da idéia de *Bártolo*, modernamente, diversos autores divergem acerca de quem teria introduzido este princípio da ordem pública no DIPr. Indicam como merecedor desta distinção, o jurista *Savigny*[151]-[152].

Dolinger elucida o funcionamento das normas de ordem pública no plano interno de um determinado país, quando assevera que na decisão da Corte de Montpellier, em dezembro de 1932, não foi admitida uma cláusula testamentária na qual o testador dispusera que, depois de morto, fosse destruída sua casa e cercado o respectivo terreno por altos muros, que as vias de acesso ao mesmo fossem obstruídas, a fim de que ninguém pudesse nele adentrar, não devendo jamais ser vendido, alugado ou cedido sob qualquer pretexto[153].

---

(149) Segundo relata Amorim, Bártolo foi o criador da Escola Italiana (século XIII). Cf. AMORIM, Edgar Carlos de. *Direito internacional privado*. 7. ed. rev., atual. e aum. Rio de Janeiro: Forense, 2000. p. 63. Cf. GUTZWILLER, Max. *Le developpement historique du droit international privé*. Recueil des Cours, v. 29-IV, 1929, p. 287. *Apud*: DOLINGER, Jacob. *Direito internacional privado*: parte geral, p. 388.

(150) Cf. DOLINGER, Jacob. *Direito internacional privado*: parte geral, p. 388.

(151) Friedrich Karl von Savigny, jurista alemão, nascido em Frankfurt no ano de 1779, e falecido em Berlin no ano de 1861. Fundador da escola histórica alemã, foi professor nas universidades de Magburgo e de Landshut e o primeiro catedrático de Direito Romano na Universidade de Berlin. A partir de 1848 dedicou-se exclusivamente a realizar trabalhos científicos. Entre suas obras, destacam-se: *História do direito romano na idade média* (1815-1831) e o *Tratado de direito romano* (1840-1849). Trad. livre do autor. Disponível em: <http://www.biografiasyvidas.com/ biografia/s/savigny.htm> Acesso em: 22.04.2005.

(152) Cf. AMORIM, Edgar Carlos de. *Direito internacional privado*, p. 63. Cf. DOLINGER, Jacob. *Direito internacional privado*: parte geral, p. 388.

(153) Cf. DOLINGER, Jacob. *Direito internacional privado*: parte geral, p. 385.

Comentando esta decisão, um autor francês conhecido como *Savatier* alegou que a cláusula de demolição inspira-se na misantropia, "(...) já que o testador pretendia que o imóvel ficasse perpetuamente fora do comércio humano, acrescentando que não se pode duvidar de que a ordem pública é diretamente lesada com semelhante expressão de vontade"[154].

No DIPr, "(...) a ordem pública impede a aplicação de leis estrangeiras, o reconhecimento de atos realizados no exterior e a execução de sentenças proferidas por tribunais de outros países, constituindo-se no mais importante dos princípios da disciplina"[155].

A problemática está na definição das normas de ordem pública, tanto no âmbito interno como na sua repercussão internacional, ou seja, a principal característica é a sua indefinição. Apresenta conotações de ordem filosófica, moral, relativa, alterável e, portanto, indefinível[156].

Assim, o princípio da ordem pública "(...) é o reflexo da filosofia sóciopolítico-jurídica de toda a legislação, que representa a moral básica de uma nação e que protege as necessidades econômicas do Estado"[157].

Todavia, não se encontra em nenhum instrumento legal a definição do que seja básico na filosofia, na política, na moral e na economia de um país.

Como alerta *Dolinger*[158],

> (...) o aplicador da lei não dispõe de bússola para distinguir dentro do sistema jurídico de seu país, o que seja fundamental, de ordem pública, não podendo ser desrespeitado pela vontade das partes ou pela aplicação de uma lei estrangeira, do que não seja essencial, podendo tolerar um pacto entre particulares consagrando as suas vontades, ou admitir que se aplique uma lei estrangeira contendo norma jurídica diversa da constante no direito pátrio.

Bobbio[159], neste sentido, assevera que

---

(154) DOLINGER, Jacob. *Direito internacional privado*: parte geral, p. 385-386.
(155) *Ibidem*, p. 386.
(156) No Acórdão publicado na Revista dos Tribunais (RT), v. 148, p. 771, o relator Ministro Orozimbo Nonato, quando do julgamento da sentença estrangeira n. 1023, aduziu que "(...) o conceito de ordem pública é esgueiriço e dificilmente se deixa prender em fórmula completa. Definindo-se o *vari varia dixerunt*, apinhando-se noções diversas sem que qualquer delas logre a generalidade das adesões". Cf. BRASÍLIA. Supremo Tribunal Federal. Sentença Estrangeira n. 1.023, Suíça. Rel. Min. Orozimbo Nonato. *Revista dos Tribunais*, SP, a. 148, p. 771-776, março. 1944.
(157) DOLINGER, Jacob. *Direito internacional privado*: parte geral, p. 386.
(158) *Ibidem*, p. 386-387.
(159) BOBBIO, Norberto; MATTEUCCI, Nicola e PASQUINO, Gianfranco. *Dicionário de política*, p. 851.

No direito privado, portanto, todas as vezes que a Ordem Pública é evocada como limite ao exercício de direitos, ela se apresenta como uma noção residual que é difícil de definir de forma precisa: trata-se, na verdade, de um limite que atua quando não existem limites específicos e que tende a coincidir com a exigência, por via integrativa, do núcleo de princípios que caracterizam a constituição do Estado, mas que por vezes coincide com exigência também de um núcleo de valores e de critérios extrajurídicos que fogem a uma possível predeterminação objetiva.

A maior dificuldade para os operadores e estudiosos do comércio internacional, como se observa, reside na tentativa de buscar uma exata definição do que sejam as normas de ordem pública, pois se trata de um instituto que difere de um país para outro conforme seus princípios e costumes, estabelecendo cada qual o seu regramento.

O retrato desta situação é claramente compreendido, porquanto os princípios e as regras de direito positivo "(...) são estabelecidos, sempre, dada à impossibilidade de abranger toda a variedade dos fatos sociais, de maneira mais ou menos genérica, embora muitas vezes criados e formulados tendo em vista casos concretos"[160].

A dificuldade da determinação da lei aplicável, considerada globalmente, é questão complexa, principalmente pela existência de uma imensa e variada gama de situações e fatos que se colocam diante do Direito, almejando soluções jurídicas[161].

Segundo *Strenger*, a ordem pública não é definida por meio de elencos, não podendo adotar-se métodos analógicos e critérios aproximativos. "A verdade é que cada Estado estabelece a sua ordem pública, e os tratados internacionais porventura existentes não têm força jurídica, a não ser em virtude de adesão dos Estados"[162].

Na esfera da autonomia da vontade, que é a área das obrigações contratuais, tais incertezas, com muito mais propriedade, apresentam aspectos delicados, pois a temática está pautada num paradoxo: "(...) de um lado o prevalecimento ou não da autonomia da vontade como princípio válido e, de outro, que limites podem ser impostos ao seu predomínio, segundo as condições e circunstâncias de ordem legal"[163].

---

(160) VALLADÃO, Haroldo. *O conflito de leis no espaço*. Universidade do Brasil, 1957. *Apud*: STRENGER, Irineu. *Da autonomia da vontade:* direito interno e internacional, p. 159.
(161) Cf. STRENGER, Irineu. *Da autonomia da vontade:* direito interno e internacional, p. 160.
(162) Idem, *Contratos internacionais do comércio*, p. 119.
(163) Idem, *Da autonomia da vontade:* direito interno e internacional, p. 160.

Para *Strenger*[164],

(...) há ainda, outra linha teórica que admite ambas as hipóteses, isto é, o prevalecimento da autonomia da vontade, conforme se trata de direito supletivo ou imperativo. A ninguém é lícito ignorar que as leis imperativas predominam sobre a vontade individual, mas, de outra parte, nenhuma norma pode subsistir, contrariando ditames de direito natural, entendido este como reconhecimento de que as projeções práticas e concretas dos valores jurídicos formais, como a justiça, bem assim os valores materiais não podem deixar de levar em conta a historicidade da experiência jurídica e, conseqüentemente, considerar a norma geral e abstrata mais como uma direção a seguir do que um comando rigidamente vinculante.

Conceituando as normas de ordem pública, *Gama e Silva*[165], afirma que "(...) é o conjunto de direitos, de caráter privado, cuja obediência o Estado impõe, para que haja harmonia entre o Estado e os indivíduos, e destes entre si, em salvaguarda de interesses substanciais da sociedade".

Dolinger[166] complementa, aduzindo que

(...) a ordem pública se afere pela mentalidade e pela sensibilidade médias de determinada sociedade em determinada época. Aquilo que for considerado chocante a esta média, será rejeitado pela doutrina e repelido pelos tribunais. Em nenhum aspecto do direito o fenômeno social é tão determinante como na aferição do que fere e do que não fere a ordem pública. Compatível ou incompatível como o sistema jurídico de um povo – eis a grande questão medida pela ordem pública – para cuja aferição a Justiça deverá considerar o que vai na mente e no sentimento da sociedade.

Amílcar de Castro[167] também sustenta a presença de dificuldade para a definição do que venha a ser a ordem pública internacional. Acredita que possam ser os preconceitos informativos do meio social ou patrimônio espiritual inquebrantável de um povo, como reflexo de suas idéias políticas, econômicas, jurídicas, morais, religiosas, em certa época.

Castro[168] definiu as normas de ordem pública como:

---

(164) STRENGER, Irineu. *Da autonomia da vontade:* direito interno e internacional, p. 161.

(165) GAMA E SILVA, Luiz Antônio. *Da ordem pública em direito internacional privado.* São Paulo, 1944. *Apud*: STRENGER, Irineu. *Da autonomia da vontade:* direito interno e internacional, p. 172.

(166) DOLINGER, Jacob. *Direito internacional privado*: parte geral, p. 387.

(167) Cf. CASTRO, Amílcar de. *Direito internacional privado*, p. 329.

(168) *Ibidem*, p. 330.

(...) o conjunto de princípios que, dadas certas idéias particulares admitidas em determinado país, são considerados como respeitantes aos interesses essenciais desse país. *A priori*, evidentemente, não se pode saber quais sejam todas essas idéias particulares, nem podem ser determinados esses interesses essenciais, porque o conteúdo da coisa definida é tão movediço como o complexo das relações sociais em constante movimento de alteração. Trata-se de razões vagas, inconsistentes, gelatinosas, de não-imitação do uso jurídico estrangeiro indicado para ser imitado: o Poder Legislativo, por certos motivos, indica para o caso *sub judice* direito estrangeiro, sem saber qual seja esse direito, porque o indica em abstrato e o Poder Judiciário, depois de conhecê-lo bem, no momento de imitá-lo, por motivos diferentes, em defesa de elevados interesses nacionais, deixa de imitá-lo.

Bobbio[169] alega que

Nas relações entre ordenamentos regulados pelo chamado direito internacional privado, o limite da Ordem pública internacional, é chamado a indicar situações em que na prática não se pode recorrer à dilação: nessa hipótese, a utilização, realizável em termos abstratos, de uma norma estrangeira para regulamentar relações internas, chocar-se-ia concretamente com os princípios do ordenamento jurídico. A ordem pública constitui portanto limite de caráter excepcional na medida em que derroga o funcionamento normal das vinculações entre os ordenamentos.

A respeito, *Amorim*[170] relata que o conceito de ordem púbica não está previsto nos textos das leis, ficando esta prerrogativa a critério do julgador. Entretanto, corrobora com os demais autores acima citados, ao afirmar que a soma dos valores morais e políticos de um povo constitui aquilo que podemos chamar de ordem pública.

De forma curiosa, tenta elucidar a temática, exemplificando-a. Alerta para a existência de elementos de conexão no DIPr, os quais seriam míssies que transportariam as leis de um para outro Estado. Nesta circunstância, a ordem pública nada mais seria do que os antimísseis interceptadores de algumas destas leis, a fim de que não tenham a aplicação pretendida[171].

---

(169) BOBBIO, Norberto; MATTEUCCI, Nicola e PASQUINO, Gianfranco. *Dicionário de política*, p. 851-852.
(170) Cf. AMORIM, Edgar Carlos de. *Direito internacional privado*, p. 63.
(171) *Ibidem*, p. 64.

Para o autor tais leis, "(...) seriam espécies de micróbios que iriam contaminar um corpo sadio, ou seja, acabariam por perturbar uma sociedade no seu *modus vivendi*, na sua tranqüilidade e nos seus bons costumes" [172].

A ordem pública, portanto, compreende não somente a soberania nacional, mas também os bons costumes.

No entendimento de *Clóvis Beviláqua*[173], a "(...) soberania nacional é um conjunto de poderes que constitui a nação politicamente organizada".

A soberania nacional, como poder soberano, supremo e irresistível, segundo *Paulo Cruz*[174], desenvolveu-se historicamente na medida em que "(...) um dos poderes medievais, o do Rei, cresceu com a idéia do absolutismo, assumindo funções públicas em caráter de exclusividade, como a administração da justiça, emissão da moeda, (...), o que o situava acima da demais instâncias de poder e organizações".

Cruz destaca que este conceito apareceu definitivamente na concepção de *Jean Bodin*[175] quando da repercussão da sua obra *Os seis livros da República*, ao demonstrar que a soberania "(...) aparecia como uma prerrogativa - ou um poder - suprema, tanto frente a instâncias interiores com exteriores" [176].

Assim, a soberania divide-se em externa e interna. O autor faz esta ressalva, quando a aborda sob o aspecto internacional, nestes termos:

> Deve-se fazer outra observação: poder soberano não deve ser confundido com poder ilimitado. Uma das fronteiras evidentes impostas ao poder soberano é o Direito Internacional. O poder soberano está circunscrito à área de abrangência do poder estatal. Além disto, outro elemento limitador são os direitos inalienáveis da pessoa humana, que não podem ser perturbados por nenhum sujeito público ou privado, traduzidos, hoje, em normas de Direito Constitucional[177].

---

(172) AMORIM, Edgar Carlos de. *Direito internacional privado*, p. 63.

(173) BEVILÁQUA, Clóvis. *Princípios elementares de direito internacional privado. Apud*: AMORIM, Edgar Carlos de. *Direito Internacional Privado*, p. 64.

(174) CRUZ, Paulo Márcio. *Fundamentos de direito constitucional*. Curitiba: Juruá, 2001. p. 50.

(175) "Jean Bodin, economista e jurista francês, nasceu em Angers, em 1529 e morreu em Laon, em 1596. Professor de Direito em Toulouse, depois advogado em Paris, publica em 1568 sua *Réponse au paradoxe de Monsieur Malestroit l'enrichissement de toutes choses et le moyem d'y remédier*, uma das primeiras obras de economia política, na qual pôs em relevo o papel da moeda. (...) Procurador do Rei em Laon, sua principal obra é *La République*, de 1578, uma espécie de 'anti-Maquiavel', tendo alcançado êxito mundial e fundado os princípios do pensamento político moderno". CRUZ, Paulo Márcio. *Fundamentos de direito constitucional*, p. 50. (nota 44)

(176) CRUZ, Paulo Márcio. *Fundamentos de direito constitucional*, p. 50.

(177) *Ibidem*, p. 52.

Como se vê, na soberania externa o Estado passa a ser "(...) independente e livre perante os demais e na interna, constitui-se uma espécie de supremacia do Estado sobre os demais poderes sociais, o Estado impõe sua vontade sobre aquelas dos indivíduos e dos grupos" [178]. Desta forma, a soberania interna pode ser considerada a mais alta força exercida pelo próprio Estado perante seus súditos, e a externa a expressão da independência deste mesmo Estado[179].

Como se observa, "(...) a soberania legal é exercida internamente, por meio da racionalização jurídica da força e do poder pelo governo, e externamente, quando interage com outros Estados (...), participando de organismos internacionais, por exemplo"[180].

Já os bons costumes, conforme *Amorim*[181], são aqueles que "(...) estabelecem as regras de proceder, nas relações domésticas e sociais em harmonia com os elevados fins da vida humana".

Retornando à questão das normas de ordem pública, pode-se dizer que estas implicam no atendimento de normas e princípios existentes em uma determinada sociedade, "(...) com o objetivo de preservar a convivência pacífica entre os seres humanos, conseqüentemente mantendo a ordem social, procurando sempre obedecer aos interesses da coletividade, em decorrência do cumprimento das normas legais"[182].

Para *Bobbio*[183], a ordem pública internacional é, na realidade, um limite derivado direta e exclusivamente do sistema constitucional que

> (...) deveria operar o adiamento, quando a norma chocasse com os princípios de tal sistema. Mas existem limites de Ordem pública originados em princípios fundamentais da comunidade internacional. Contudo, como os ordenamentos estatais se apropriam de tais princípios constitucionalizando-os, pode-se dizer que eles acabam também por impor-se como limites internos: trata-se, porém, de limites gerais que

---

(178) AMORIM, Edgar Carlos de. *Direito internacional privado*, p. 64.

(179) No mesmo sentido, assevera Krieger, quando aduz que "(...) para fins do Estado como sujeito do Direito Internacional Público, deve ser levado em consideração o instituto da soberania e sua aplicação no âmbito da política interna e externa". KRIEGER, César Amorim. *Direito internacional humanitário*: o precedente do Comitê Internacional da Cruz Vermelha e o Tribunal Penal Internacional. Curitiba: Juruá, 2004. p. 61.

(180) KRIEGER, César Amorim. *Direito internacional humanitário*: o precedente do Comitê Internacional da Cruz Vermelha e o Tribunal Penal Internacional, p. 62.

(181) AMORIM, Edgar Carlos de. *Direito internacional privado*, p. 64.

(182) LINHARES, Karla. *A ordem pública e as normas imperativas como limites à autonomia da vontade nos contratos internacionais*, p. 56.

(183) BOBBIO, Norberto; MATTEUCCI, Nicola e PASQUINO, Gianfranco. *Dicionário de política*, p. 852.

operam, sempre, mesmo, independentemente de hipóteses de dilação no quadro do direito internacional privado.

Afirma *Diniz*[184] que,

(...) como sinônimo de ordem social, a ordem pública abrange todas as manifestações sociais relevantes, inclusive a soberania nacional e os bons costumes. A ordem social é a relativa ao interesse geral da sociedade, regido por normas jurídicas, tradições, concepções morais e religiosas, ideologias políticas e econômicas etc. A ordem social é o patrimônio espiritual do povo, por refletir seus hábitos, suas tradições, sua liberdade, suas idéias políticas, econômicas, religiosas, morais, seus direitos fundamentais em determinada época e lugar.

Alguns aspectos, abordados por *Calandrelli*[185] ajudam na compreensão das normas de ordem pública. Este autor analisou-as para dar-lhes sentido de universalidade, unicidade, no tempo e no espaço. Surgem espontaneamente da convivência do ser homem e do ser nação, resultando do equilíbrio harmônico entre as relações que constituem a vida individual e a vida nacional, que se mantém graças ao mercado institucional e legal consagrado pelo órgão do Estado, em sua função de soberania política e humana.

Este mecanismo determina aquele equilíbrio, limitando ou estendendo a liberdade e a vontade do ente individual e do ente coletivo[186], "(...) não existindo mais do que uma ordem pública, apenas variando de país a país os dispositivos institucionais e legais que consagram princípios básicos, exigidos pela ordem pública"[187].

Vislumbra-se, em mais uma oportunidade, que tais normas divergem de um país para outro, sofrendo alterações de acordo com a evolução da sociedade, adequando-se aos seus fenômenos sociais no decorrer do tempo. Assim, deve-se observar, quando da aplicação, o princípio da contemporaneidade das normas de ordem pública[188].

---

(184) DINIZ, Maria Helena. *Lei de introdução ao código civil brasileiro interpretada*. 2. ed. atual. e aum. São Paulo: Saraiva, 1996. p. 355.
(185) Cf. CALANDRELLI, Alcides. *Cuestinoes del derecho internacional privado*. Madri, 1913. 3. v. *Apud*: STRENGER, Irineu. *Da autonomia da vontade*: direito interno e internacional, p. 171-172.
(186) *Ibidem*.
(187) LINHARES, Karla. *A ordem pública e as normas imperativas como limites à autonomia da vontade nos contratos internacionais*, p. 56.
(188) Cf. DOLINGER, Jacob. *Direito internacional privado*: parte geral, p. 386-387.

Como na soberania, há correntes doutrinárias que entendem haver duas espécies de normas de ordem pública, as internas e as externas. Esta dicotomia foi sugerida por *Paolo Esperson*, na Itália, e por *Charles Brocher*, na França, importantes autores de DIPr do século XIX, e seguida por vários outros (*Franz Despagenet, André Weiss, Etienne Bartin e René Foignet*)[189].

André Weiss[190] defendia a existência de duas ordens públicas, perfeitamente distintas uma da outra. Também distinguia entre ordem pública absoluta e relativa, que corresponderiam respectivamente à interna e à externa (internacional).

Porém, esta divisão passou a ser criticada, principalmente por *Antoine Pillet*[191]. Este autor demonstrou que só há uma ordem pública em cada país, qual seja, aquela que objetiva, em última análise, proteger a segurança, a conservação do Estado, e tem seus efeitos refletidos no campo do Direito interno e no DIPr.

Henri Batiffol[192] manteve aceso o combate à noção de duas ordens públicas, "(...) sustentando que a ordem pública é uma, com duas aplicações diferentes, cabendo tão somente distinguir entre a incidência da ordem pública no campo do direito interno e no campo do direito internacional privado".

A doutrina brasileira ficou dividida[193], mas *Castro* sintetizou, com clareza, este aspecto, ao afirmar que

> (...) a ordem social ou ordem pública é uma e indivisível, mas como pode ser agredida de dois modos, por ataques provenientes de situações diversas, é sempre defendida por dois modos. A terminologia empregada por Brocher, deu lugar a supor-se haver duas espécies de ordem pública, quando isto é inconcebível. Diferença se encontra nos

---

(189) Cf. DOLINGER, Jacob. *Direito internacional privado*: parte geral, p. 396.

(190) Cf. WEISS, André. *Traité Théorique et pratique de droit international privé*. 2. ed. Paris: Sirey, 1907. p. 97. *Apud*: DOLINGER, Jacob. *Direito internacional privado*: parte geral, p. 396.

(191) "Antoine Pillet, em *Melagens Antoine Pillet*, v. 1, p. 449, escreve: *il est impossible de concevoir deux orders publics différents ... en matière internationale même, l'ordre public est toujours essentiellement nationale: c'est donc à tort que l'on parle d'ordre public international. L'expression est vicieuse car il n'existe par d'ordre public international*". DOLINGER, Jacob. *Direito internacional privado*: parte geral, p. 396.

(192) BATIFFOL, Henri *et* LAGARDE, Paul. *Droit international privé*. 7. ed. Paris: Librairie Générale de Droit et Jurisprudence, 1981-1983. p. 424. 2. v. *Apud*: DOLINGER, Jacob. *Direito internacional privado*: parte geral, p. 396.

(193) Rodrigo Otávio, Clóvis Beviláqua, Eduardo Espíndola, Haroldo Valladão e Irineu Strenger aderem à distinção das duas ordens públicas de Brocher. Outra corrente, que rejeita a dicotomia, é composta por Oscar Tenório, Wilson de Souza Campos Batalha, Gama e Silva, João de Oliveira Filho e Elmo Pilla Ribeiro. Destacam-se, ainda, outros dois autores brasileiros, a saber: Luiz Araújo Corrêa de Brito e Amílcar de Castro. Cf. DOLINGER, Jacob. *Direito internacional privado*: parte geral, p. 397.

meios de defesa da ordem pública, não nesta em si mesma, que não pode deixar de ser uma só, sempre original, ímpar e indivisível[194].

Desta forma, pode-se dizer que há uma única ordem pública, que atua nos dois âmbitos, interno e externo.

Segundo *Dolinger*[195], as normas de ordem púbica exercem influência em três níveis. No primeiro, age no âmbito interno "(...) para garantir o império de determinadas regras jurídicas, impedindo que sua aplicação seja derrogada pela vontade das partes". No segundo, é utilizada para impedir a aplicabilidade de leis estrangeiras que foram indicadas pelas regras de conexão do DIPr. Por derradeiro, no terceiro nível de intervenção, situa-se para reconhecer direitos adquiridos no exterior[196].

Neste contexto, observa-se que as normas de ordem pública, no âmbito do DIPr, podem obstar o emprego de leis estrangeiras, o reconhecimento de atos praticados no exterior, bem como a execução de sentenças prolatadas por tribunais de outros países[197].

Contudo, para a não aplicação de uma norma estrangeira aos contratos internacionais, faz-se necessário que haja conflito com as normas de ordem pública do país onde está sendo executado o contrato. Convém ressaltar que, no Brasil, a definição da aplicação de tais normas, no sentido de decidir se a norma jurídica alienígena é contrária ou não à ordem pública, cabe aos órgãos do Poder Judiciário[198].

Em mais uma oportunidade, *Bobbio*[199] sintetiza a questão, quando lembra que o conceito de ordem pública internacional é utilizado

> (...) com sentido diferente em referência às relações postas em prática no âmbito da comunidade internacional, tendo os Estados por protagonistas. Então os princípios constitucionais da comunidade, refletindo o *standard* moral em que se moldam os comportamentos interestatais, constituem a Ordem púbica internacional e se impõem, como limite inderrogável quer à atividade pactual, quer à praxe consuetudinária interestatal.

---

(194) CASTRO, Amílcar de. *Direito internacional privado*, p. 345-346.
(195) DOLINGER, Jacob. *Direito internacional privado*: parte geral, p. 398.
(196) *Ibidem*, p. 398-399.
(197) *Ibidem*, p. 386.
(198) Cf. LINHARES, Karla. *A ordem pública e as normas imperativas como limites à autonomia da vontade nos contratos internacionais*, p. 59.
(199) BOBBIO, Norberto; MATTEUCCI, Nicola e PASQUINO, Gianfranco. *Dicionário de política*, p. 852.

Corroborando, *Dolinger*[200], ao apresentar uma nova definição de ordem pública universal[201], acredita que

> a ordem pública interna na sua aplicação internacional visa a proteger a política, a moral, os princípios jurídicos e a economia de cada país; a ordem pública universal há de defender padrões de moralidade, de eqüidade, de igualdade e de segurança entre os Estados para a manutenção de uma ordem que, em última análise, é do interesse de todos os membros componentes da sociedade internacional.

Em nosso país[202], ao menos dois[203] exemplos dispõem sobre o atendimento às normas de ordem pública brasileiras.

O primeiro diz respeito ao art. 17, da Lei de Introdução ao Código Civil, de 04 de setembro de 1942, que determina a exclusão da aplicabilidade de leis, atos e sentenças estrangeiras, sempre que ofenderem a soberania nacional, a ordem pública e os bons costumes[204].

O segundo exemplo pode se verificar no Código de Defesa do Consumidor, que trata a respeito da proteção do consumidor, estabelecendo normas de ordem pública e interesse social, os quais devem prevalecer sobre as leis estrangeiras.

As **normas imperativas** representam, também, um dos importantes limites à autonomia da vontade.

Na tentativa de compreendê-las, entende-se que é conveniente a realização de um pequeno estudo acerca de como estão dispostas no ordenamento jurídico, buscando diferenciá-las das demais normas.

Sobre o ordenamento jurídico, são precisas as palavras de *Bobbio*[205], ao asseverar que "(...) as normas jurídicas existem isoladamente, mas sem-

---

(200) DOLINGER, Jacob. *Direito internacional privado*: parte geral, p. 417.

(201) Para a compreensão da amplitude do novo conceito de ordem pública universal, Dolinger sugere a leitura da sua tese sobre a ordem pública, bem como do seu artigo intitulado originalmente de: *World public policy: real international public policy in the conflict of laws*, veiculado no jornal *Texas Internacional Law Journal*, v. 17, n. 2, p. 167, e publicado no vernáculo sob o título de: *Ordem pública mundial*: ordem pública verdadeiramente internacional no direito internacional privado, na Revista de Informação Legislativa, v. 90, p. 205. Cf. DOLINGER, Jacob. *Direito internacional privado*: parte geral, p. 417, nota 79.

(202) Neste momento, faz-se apenas uma referência breve sobre a condição e a aplicação das normas no Brasil, pois tal elucidação será mais aprimorada no último capítulo, mais especificamente no item 3.1.3.

(203) Os aspectos da Lei de Introdução ao Código Civil na aplicação da autonomia da vontade também serão objeto de breve exame no último capítulo.

(204) Cf. NEGRÃO, Theotonio; GOUVÊA, Jose Roberto Ferreira. *Código Civil e legislação em vigor*. 23. ed. atual. São Paulo: Saraiva, 2004, p. 25.

(205) BOBBIO, Norberto. *Teoria do ordenamento jurídico*. Trad. de Maria Celeste Cordeiro Leite dos Santos. 10. ed. Brasília: Editora Universidade de Brasília, 1999. p. 19.

pre em um contexto de normas com relações particulares entre si. Esse contexto de normas costuma ser chamado de 'ordenamento'".

Assim, o ordenamento jurídico é representado por uma infinita quantidade de normas, adequadas em modalidades normativas distintas, no intuito de melhorar-se a compreensão do seu alcance[206].

Para *Diniz*, a imperatividade das normas apresenta-se sob dois aspectos, a saber: a) a absoluta e b) a relativa.

Na imperatividade absoluta, conhecida ainda como impositiva ou cogente, fica evidenciada a característica de ordenação, proibição de alguma conduta de modo absoluto. Há a tutela de interesses fundamentais relacionados ao bem-estar comum[207], ou seja, a imperatividade absoluta está motivada pela "(...) convicção de que determinadas relações ou estados da vida social não podem ser deixados ao arbítrio individual, o que caracteriza graves prejuízos para a sociedade"[208].

Na imperatividade relativa ou dispositiva, observa-se a permissão de uma ação ou abstenção, podendo, ainda, ser supletiva, suprindo a falta de manifestação de vontade das partes[209].

Definidas as diferenças, destaca-se que as normas imperativas aqui tratadas correspondem àquelas de imperatividade absoluta ou impositiva.

Como exposto, as normas de imperatividade absoluta são aquelas que "(...) impõem às partes obrigações de fazer e não fazer, ou seja, determinam regras que devem ser observadas pelas partes contratantes quanto à escolha da lei aplicável"[210].

Strenger[211], ao tecer comentários sobre as normas imperativas, alega que se encontram ao lado das regras de ordem pública, (...) atuando à medida que um dos elementos da relação jurídica contratual se localiza dentro do território, não obstante a submissão do contrato a uma lei estrangeira, por acordo de vontades".

Segundo *Ferraz Júnior*[212], as normas imperativas "(...) excluem convenções ou acordos entre as partes que, se contrariam o disposto, são nu-

---

(206) Cf. BOBBIO, Norberto. *Teoria do ordenamento jurídico*, p. 31.
(207) Cf. LINHARES, Karla. *A ordem pública e as normas imperativas como limites à autonomia da vontade nos contratos internacionais*, p. 61.
(208) DINIZ, Maria Helena. *Compêndio de introdução à ciência do direito*. 13. ed. São Paulo: Saraiva, 2001. p. 376.
(209) *Ibidem*, p. 376-377.
(210) LINHARES, Karla. *A ordem pública e as normas imperativas como limites à autonomia da vontade nos contratos internacionais*, p. 61.
(211) STRENGER, Irineu. *Contratos internacionais do comércio*, p. 120.
(212) FERRAZ JÚNIOR, Tércio Sampaio. *Introdução ao estudo do direito*: técnica, decisão, dominação, p. 134.

las, isto é, não produzem efeitos, pois seus atos e omissões não podem ser regulados senão na forma disciplinada na norma geral".

Estas normas determinam uma obrigação, ordenam que se faça algo, prescrevendo como deve ser a conduta de cada indivíduo e restringem a liberdade do agente, limitando as suas ações.

Neste aspecto, pode-se considerar um entrave ao princípio da autonomia da vontade, pois a partir do momento que estabelecem um dever, regulando a conduta do agente, impõem restrições à sua vontade, principalmente na escolha da legislação aplicável aos seus pactos.

Um exemplo em nosso ordenamento é o art. 9º da Lei de Introdução ao Código Civil[213]-[214], *in verbis*:

> **Art. 9º** Para qualificar e reger as obrigações, aplicar-se-á a lei do país em que se constituírem.
>
> § 1º Destinando-se a obrigação a ser executada no Brasil e dependendo de forma essencial, será esta observada, admitidas as peculiaridades da lei estrangeira quanto aos requisitos extrínsecos do ato.
>
> § 2º A obrigação resultante do contrato reputa-se constituída no lugar em que residir o proponente.

Como se verifica, o referido preceito dispõe sobre regência de obrigações com limites à aplicação de lei, devendo ser observada a do país em que foram escolhidas. Representam, assim, normas de aplicação cogente[215], ou seja, não podem ser alteradas pela vontade das partes.

Logo, faculta-se às partes a negociação dos direitos não expressos em tais normas. Trata-se, portanto, de competência residual das partes para estabelecerem cláusulas contratuais.

As normas imperativas são consideradas comandos de fazer ou não fazer[216], ou seja, de observância obrigatória e aplicação imediata, (...) sobre cujos efeitos as partes não podem transigir, tendo atuação no âmbito interno"[217].

---

(213) A exemplo da ressalva feita anteriormente, faz-se, mais uma vez apenas uma referência breve sobre a condição das normas e aplicação das mesmas no Brasil, que será objeto de análise no último capítulo.

(214) NEGRÃO, Theotonio; GOUVÊA, Jose Roberto Ferreira. *Código civil e legislação em vigor*, p. 22-23.

(215) As normas cogentes, segundo Diniz, são "(...) aquelas que, em desobedicidas, tornam nulos os atos jurídicos praticados em seu desrespeito, porque não podem ser derrogadas pelas partes, em submetendo-se ao seu império. Dizem respeito ao possível jurídico, e, conseqüentemente, a sua violação torna o ato ilegítimo". DINIZ, Maria Helena. *Conceito de norma jurídica como problema de essência*. 3. ed. São Paulo: Saraiva, 1999. p. 94.

(216) Cf. BOBBIO, Norberto. *Teoria do ordenamento jurídico*, p. 47.

(217) LINHARES, Karla. *A ordem pública e as normas imperativas como limites à autonomia da vontade nos contratos internacionais*, p. 62.

Estas normas estabelecem ao particular uma determinada conduta. Caso não seja cumprida, haverá sanção, independentemente da manifestação contrária da vontade exarada pelas partes.

Observa-se, por outro lado, que os valores democráticos constituem garantias fundamentais e alicerces do Estado Social de Direito[218]. Desta forma, a lei deve proteger os hipossuficientes, mas sem exageros, evitando que a tutela negue os princípios norteadores e "(...) indispensáveis ao Estado que tem na livre iniciativa e na propriedade as bases de sustentação de seu regime político-econômico"[219].

No capítulo seguinte busca-se anotar que o direito material aplicável aos contratos internacionais exige a preambular referência à evolução da autonomia da vontade, com enfoque ao surgimento, à apreciação do problema e alcançar-se a definição da lei que será aplicável.

Por sua vez, a análise dos contratos internacionais segue com consideração sobre a questão pautada no Brasil (art. 9º da Lei de Introdução ao Código Civil – Decreto-lei n. 4.657/1942), apresentando-se suas principais interpretações, críticas e exceções.

Serão abordadas, ainda, disposições no Mercosul, tais como, o critério da autonomia em países do Bloco e seus pontos fundamentais no Protocolo de Buenos Aires sobre Jurisdição Internacional em Matéria Contratual, tratando-se, ao final, das tendências e alternativas à aplicação da autonomia, com destaque aos seus aspectos na Lei de arbitragem brasileira (n. 9.307/1996), na Convenção Interamericana sobre Direito Aplicável aos Contratos Internacionais (CIDIP V - México/1994), nas regras de governança corporativa e em alguns julgados no Brasil.

---

(218) Cf. DINIZ, Maria Helena. *Curso de direito civil brasileiro*: teoria das obrigações contratuais e extracontratuais, p. 33-34.

(219) THEODORO JÚNIOR, Humberto. *O contrato e seus princípios*, p. 25.

Capítulo 3

O DIREITO MATERIAL APLICÁVEL AOS CONTRATOS INTERNACIONAIS

3.1 A evolução da autonomia das partes no direito material aplicável aos contratos internacionais; 3.1.1 Surgimento, apreciação do problema e a definição da lei aplicável (critérios gerais); 3.1.2 Contratos entre partes presentes e ausentes; 3.1.3 A questão no Brasil: principais interpretações, críticas e exceções à regra do art. 9º do Decreto-lei n. 4.657/1942; 3.2 Algumas questões no Mercosul; 3.2.1 O critério da autonomia em países do Mercosul; 3.2.2 A questão da autonomia no Protocolo de Buenos Aires sobre Jurisdição Internacional em Matéria Contratual (aspectos fundamentais); 3.3 Tendências e alternativas à aplicação da autonomia aos contratos internacionais; 3.3.1 Aspectos destacados da autonomia da vontade na Lei de arbitragem brasileira (n. 9.307/1996) e na Convenção sobre Direito Aplicável aos Contratos Internacionais (CIDIP V – México/ 1994); 3.3.2 A autonomia da vontade nas regras de governança corporativa e em alguns julgados no Brasil.

3.1 A EVOLUÇÃO DA AUTONOMIA DAS PARTES NO DIREITO MATERIAL APLICÁVEL AOS CONTRATOS INTERNACIONAIS

A evolução da autonomia das partes no direito material aplicável aos contratos internacionais remete ao breve estudo acerca do surgimento, da apreciação do problema e por conseqüência, da lei aplicável nestes ajustes, mediante o exame de alguns critérios gerais. Analisam-se, também, os contratos entre partes presentes e ausentes e, posteriormente a questão no Brasil, com as principais interpretações, críticas e exceções à regra do art. 9º da Lei de Introdução ao Código Civil.

3.1.1 Surgimento, apreciação do problema e a definição da lei aplicável (critérios gerais)

Apontou-se anteriormente, sob regra geral, que os contratos internacionais apresentam três fases bem definidas, a saber: a) negociação; b) contratação; c) administração[1].

---

(1) Tema também abordado no item 1.2.2. Confira também os esquemas elucidativos das notas ns. 116-118.

Destacou-se que na negociação as partes buscam noções do meio externo, onde irão atuar os caracteres dos sujeitos envolvidos na transação e as condições para alcançarem os objetivos pretendidos.

Na segunda etapa, a contratação propriamente dita, ficam consignadas as articulações dos termos e das cláusulas debatidas durante a primeira fase, ou seja, na negociação.

O terceiro e último período, que dependendo do contrato ajustado pode não existir, pois tal pacto pode encerrar-se já na segunda etapa, é representado pela administração contratual. Percebe-se nitidamente esta fase nos contratos de trato sucessivo[2] e nas *joint ventures*[3]. Assim, neste momento pactual, observa-se o conjunto de medidas que as partes devem prever para dar vida e duração ao contrato.

Desta forma, neste estágio, de surgimento, apreciação de problemas e definição de lei aplicável ao contrato internacional, manifestam-se as duas últimas etapas contratuais acima aduzidas: a contratação e a administração do pacto.

Há uma gama destes contratos firmados diariamente em todo o mundo, o que indica a possibilidade de serem objeto de debates judiciais.

Assim, uma das partes, sentindo-se lesada e/ou prejudicada em decorrência do contrato internacional ajustado, poderá, por meio judicial, acionar a outra parte, na tentativa de buscar sanar ou amenizar descontentamentos.

Focado neste ponto, para a determinação da solução de possíveis embates judiciais, surge a importância das articulações e formalizações, mediante cláusulas que regerão todo o procedimento contratual. Tais cláusulas terão papel essencial na resolução da problemática da lei aplicável a estes pactos.

Normalmente as partes contratantes mantêm relacionamento de parceria e confiança mútua. Entretanto, a partir do momento em que se transforme em vínculos hostis, ao ponto de litigarem em Juízo, o magistrado brasileiro deverá observar o que dispõe a legislação nacional, para identificar qual a lei de regência contratual, perante nosso ordenamento, ou seja, o juiz do foro apontará qual norma será aplicável ao caso concreto, apresentado pelo contrato internacional em discussão[4].

---

(2) Os contratos de trato sucessivo podem ser interpretados como aqueles em que há seqüência de pessoas ou coisas que se sucedem e/ou substituem sem interrupção ou com breves intervalos. Cita-se como exemplo, um contrato de fornecimento de maquinário e peças para montagem de parte da geração de energia de uma hidroelétrica transnacional, que poderá levar aproximadamente 05 (cinco) anos para a sua conclusão.

(3) Cf. nota n. 119.

(4) Cf. GARCIA JÚNIOR, Armando Álvares. *Lei aplicável aos contratos internacionais*. 2. ed. São Paulo: Aduaneiras, 2004. p. 6.

No Direito Internacional Privado, a autonomia das partes, segundo *Rechsteiner*[5], significa que "(...) as próprias partes podem escolher o direito aplicável".

Porém, o princípio da autonomia da vontade não pode ser considerado como fonte de direito original, afastado, completamente, de uma ordem jurídica estatal[6].

"Também não é uma regra de direito costumeiro internacional, pois é sempre a *lex fori* de cada país que decide se admite a autonomia da vontade das partes como elemento de conexão"[7].

Rechsteiner[8] afirma que

> (...) à medida que um Estado admite a autonomia da vontade das partes como elemento de conexão, é aplicável a lei designada pelas próprias partes, levando em consideração a sua vontade subjetiva, e não a vontade objetiva do legislador. Este determina, subsidiariamente, o direito aplicável na ausência de escolha do direito aplicável pelas partes.

O princípio da autonomia da vontade, aplicado principalmente nas obrigações contratuais, por sua importância no contexto mundial, vem sendo abordado, recentemente, na maioria das legislações de Direito Internacional Privado, como, também, em diversos tratados internacionais[9].

Atualmente, a autonomia da vontade, com seu poder quase legislativo, "(...) se estende até esse ponto nos contratos internacionais justamente por causa de suas características especiais"[10].

"Os contratos internacionais são, portanto, operações que por sua complexidade podem estar ligadas a mais de um ordenamento jurídico ao mesmo tempo; é necessária, assim a utilização de mais de uma regra de conexão para resolver cada um desses aspectos"[11].

Desta forma, o magistrado, na análise do contrato, estabelecerá qual a relação existente entre o foro e a lei a ser adotada.

Importante destacar que as cláusulas de eleição de foro e de lei aplicável não se confundem, porquanto

---

(5) RECHSTEINER, Beat Walter. *Direito internacional privado*: teoria e prática. 4. ed. rev. e atual. São Paulo: Saraiva, 2000. p. 103.

(6) *Ibidem*, p. 103.

(7) *Ibidem*, p. 103.

(8) *Ibidem*, p. 104.

(9) *Ibidem*, p. 105.

(10) ARAUJO, Nadia. *A autonomia da vontade nos contratos internacionais*: situação no Brasil e no Mercosul, p. 2.

(11) *Ibidem*, p. 3.

(...) pode-se escolher um determinado foro para discutir os litígios advindos da relação contratual e naquele local utilizar-se a lei de um terceiro país no que diz respeito às regras materiais concernentes ao contrato em questão. O segundo, à ordem pública, pois a escolha das partes pode levar a uma lei que contenha dispositivos que não são aceitos pelos critérios de ordem pública do foro, ou ainda, serem contrárias as disposições de caráter imperativo[12].

Apesar das partes poderem eleger a lei aplicável em um contrato internacional comercial, "(...) esta escolha possui limites que não podem ser ignorados, devendo obedecer, no caso concreto, a uma gama de fatores maior do que sua aparência à primeira vista"[13].

Feitas estas considerações, escolhido pelas partes o foro competente e havendo uma demanda judicial, o juiz deste foro verificará as cláusulas ajustadas no contrato, confirmando-se ou não a correspondência do foro eleito pelos pactuantes com a do país onde exerça sua jurisdição[14]. Caso haja correlação, esta autoridade será a apreciadora e julgadora da ação a ser intentada. Por outro lado, não correspondendo, "(...) as partes poderão submeter a apreciação da causa às autoridades judiciárias dos países envolvidos com base na legislação processual aí em vigor, especificamente na parte que disciplina a competência internacional dos juízes"[15].

A escolha do foro pelos contratantes, para reger o contrato internacional, pode enfrentar diversas situações. A mais comum consiste na escolha do foro do domicílio de uma das partes, por questão de conveniência, desconhecimento da legislação da outra parte ou até mesmo desconfiança com relação às autoridades judiciárias daquele outro país. Aplica-se, também, nestes contratos, e até com certa freqüência, a escolha do foro de terceiro país, diferente do domicílio dos pactuantes.

Aqui, importa ressalvar que, apesar de haver no contrato a escolha do foro, muitas das vezes o imbróglio será resolvido por arbitragem. Porém, caso o mal entendido não venha a ser remetido à arbitragem, havendo escolha de foro de país diferente daquele dos contratantes, o juiz do terceiro país analisará sua competência para receber e julgar o litígio derivado do contrato.

Vencida esta etapa, a autoridade judicial terá que observar nas cláusulas contratuais quais são as leis de regência a serem aplicadas para a solução da lide. A este ponto está relacionada a temática em debate, qual seja,

---

(12) ARAUJO, Nadia. *A autonomia da vontade nos contratos internacionais*: situação no Brasil e no Mercosul, p. 4.

(13) *Ibidem*, p. 4.

(14) Cf. GARCIA JÚNIOR, Armando Alvares. *Lei aplicável aos contratos internacionais*, p. 7.

(15) *Ibidem*, p. 7.

admite-se ou não neste país, sede da autoridade monocrática, a aplicação da autonomia da vontade das partes?

Corrobora *Bueno*[16], ao enfatizar que "(...) as relações entre as nações seriam entorpecidas se as convenções, disposições e outros atos praticados entre os indivíduos não tivesse validade nos demais lugares e seus tribunais".

Assim, existindo indicação da legislação aplicável, sendo ela válida segundo as regras do foro escolhido, deve o magistrado adotá-la. Não havendo, contudo, no contrato lei escolhida para regê-lo ou sendo inválida a escolha, o procedimento adotado pela autoridade judiciária será diverso. Neste caso, o juiz deverá aplicar o direito do país onde esteja judicando, situação conhecida tradicionalmente como "(...) a aplicação da *lex fori* ou lei do foro"[17].

Aplicada a lei do foro, independentemente de ser uma das partes estrangeira e sediada no exterior, o magistrado irá se ater, em primeiro lugar à legislação local vigente onde o processo foi instaurado. Nota-se, assim, a importância para o Direito Internacional Privado da escolha do foro pelas partes contratantes ou daquele previsto pelas normas processuais do país onde o contrato está vinculado, pois, indiretamente, tais regras determinarão qual a lei aplicável ao caso concreto, como, por exemplo, as normas imperativas.

Convém registrar que há uma ressalva nesta regra de eleição de foro. A exceção[18] encontra-se no âmbito do Mercosul[19]. Resumidamente, refere-

---

(16) BUENO, José Antonio Pimenta. *Direito internacional privado*. Rio de Janeiro: Typographia Imp. e Const. de J. Villeneuve, 1863. *Apud*: ARAUJO, Nadia. *A autonomia da vontade nos contratos internacionais*: situação no Brasil e no Mercosul, p. 85.

(17) GARCIA JÚNIOR, Armando Álvares. *Lei aplicável aos contratos internacionais*, p. 8.

(18) Esta exceção e outras questões serão apreciadas no item 3.2.1 e 3.2.2.

(19) Mercosul: trata-se de um bloco econômico, instituído pelo Tratado de Assunção, em 26.03. 1991, no qual Argentina, Brasil, Paraguai e Uruguai resolveram de comum acordo constituir um Mercado Comum, que foi denominado Mercado Comum do Sul (Mercosul). Consideraram, principalmente, que a ampliação das dimensões de seus mercados nacionais mediante a integração constituía condição fundamental para acelerar seus processos de desenvolvimento econômico com justiça social e, também, a necessidade de promover o desenvolvimento científico e tecnológico dos Estados-Partes e de modernizar suas economias para ampliar a oferta e a qualidade de bens e serviços disponíveis, a fim de materializar as condições de vida de seus habitantes, reafirmando a vontade política de deixar estabelecidas as bases para uma união cada vez mais estreita entre seus povos. O Mercosul implica: na livre circulação de bens, serviços e fatores produtivos entre países, por meio da eliminação dos direitos alfandegários, de restrições não tarifárias à circulação de mercado e de qualquer outra medida de efeito equivalente; no estabelecimento de uma tarifa externa comum e na adoção de uma política comercial comum em relação a terceiros Estados; no compromisso de harmonizar suas legislações, nas áreas pertinentes, para lograr fortalecimento do processo de integração. Encontra-se, ainda, em processo constante de adaptações, com diversos protocolos realizados no intuito de almejar o proposto em seu tratado originário, qual seja, o

se à jurisdição contenciosa internacional subsidiária do Mercosul, que se consagra, quanto ao contrato[20], o lugar de seu cumprimento, no que diz respeito aos ajustes internacionais de natureza civil ou comercial celebrados entre particulares, pessoas físicas ou jurídicas, na referida união aduaneira - Mercosul[21]. Porém, para que se possa aproveitar este regramento, é necessário que os pactuantes apresentem seu domicílio ou sede social em diferentes Estados-Partes do Mercosul[22].

Destaca-se, ainda, a prática do *dépeçage* ou fracionamento contratual[23], na tentativa de definir qual a lei ou concurso de leis que deverão predominar em determinada situação ou naquela parte do contrato.

Adverte-se, na seara jurídica, que uma mesma parte do pacto não pode ser regrada por normas jurídicas de diferentes países.

Constata-se, em resumo que, para a aplicação da regra alienígena, quando esta for considerada competente pela lei do foro, devem estar presentes três questões: a) que a própria norma imperativa estrangeira reclame sua aplicação ao caso; b) que exista uma conexão estreita entre o país em questão e a situação ajuizada, isto é, uma vinculação significativa que justifique a atenção prestada à norma estrangeira e; c) que seja razoável a aplicação da norma deste terceiro Estado[24].

Após estes apontamentos, constata-se que se aplica, primeiramente, a lei do foro, possibilitando, encontrar a norma que irá reger o contrato, podendo ser a regra estrangeira ou a nacional.

Tratado de Assunção. Ressalta-se a recente adesão da Venezuela ao bloco e a existência dos Estados conhecidos como parceiros, a saber: o Chile e a Bolívia. Cf. PABST, Haroldo. *Mercosul*: direito da integração, p. 96-97.

(20) Quanto ao contrato, "(...) visto que a jurisdição subsidiária engloba ainda: a) o juízo do domicílio do demandado; e b) o juízo ou sede social do demandante, quando demonstrar este que cumpriu sua prestação no contrato". GARCIA JÚNIOR, Armando Álvares. *Lei aplicável aos contratos internacionais*, p. 9, nota 12.

(21) Cf. GARCIA JÚNIOR, Armando Álvares. *Lei aplicável aos contratos internacionais*, p. 9.

(22) Como se colhe da leitura do art. 1º do Protocolo de Buenos Aires sobre Jurisdição Internacional em Matéria Contratual. Cf. *MERCOSUL*: Legislação e textos básicos. 3. ed. Senado Federal: Brasília, 2000. p. 437.

(23) *Dépeçage* ou fracionamento é um mecanismo pelo qual um contrato ou uma instituição é dividida em diferentes partes, que serão, cada uma delas, submetidas a leis diferentes. Pode ocorrer em dois níveis. No primeiro, pelo próprio sistema de DIPr, pois a substância pode ser regida por uma lei e a capacidade por outra. No segundo, as partes têm a faculdade de determinar que o contrato será regulamentado por mais de uma lei. Cf. *Glossaire de droit international privé*. Bruxelas: Bruylant, 1992. p. 123. *Apud*: ARAUJO, Nadia. *A autonomia da vontade nos contratos internacionais*: situação no Brasil e no Mercosul, p. 85.

(24) LEMUS, Manuel Medina de. *La venta internacional de mercaderías*. Tecnos, Colección de Ciências Sociais – serie de derecho, 1992. p. 31. *Apud*: GARCIA JÚNIOR, Armando Álvares. *Lei aplicável aos contratos internacionais*, p. 11.

A autoridade brasileira, ao se deparar com esta situação, deverá examinar, no que diz respeito aos contratos internacionais, a regra inserta no art. 9º da Lei de Introdução ao Código Civil, *verbis*:

> **Art. 9º.** Para qualificar e reger as obrigações, aplicar-se-á a lei do país em que se constituírem.
> (...)
> § 2º. A obrigação resultante do contrato reputa-se constituída no lugar em que residir o proponente.

Pondera-se, pela leitura do dispositivo citado, que tal norma não apresenta condições de solucionar os mais diversos problemas de ordem obrigacional diariamente enfrentados pelas empresas, em especial nas suas tratativas comerciais internacionais. Todavia, "(...) esta norma integra o conjunto de normas de direito internacional privado de nosso país, fornecendo ao judiciário os critérios para descobrir a lei, que segundo nosso direito (*lex fori*), deverá ser aplicada ao caso concreto que examina"[25].

A respeito, *Armando Álvares Garcia Júnior*[26] sustenta que

> (...) se de acordo com a lei do foro, onde o processo tramita, os critérios nacionais por ela fornecidos (para localizar a lei de regência do contrato) indicarem a lei deste ou daquele país, a apreciação judicial obrigatoriamente levará em consideração tal lei. Isto é decisivo para o julgamento da causa.

Pelo que se observa, o Direito pátrio não repulsa a aplicação da lei estrangeira no âmbito das obrigações decorrentes dos CIC; ao contrário, está subentendida nas normas de Direito Internacional Privado (art. 9º da LICC).

A despeito do aduzido, tem-se no Brasil uma norma singela, que já está merecendo reformas ou atualizações. Porém, apesar do esforço de muitos juristas ligados à temática, o que se vê, politicamente, é a falta de vontade dos legisladores, como, por exemplo, na procrastinação do antigo anteprojeto oficial de reforma da Lei de Introdução ao Código Civil, de autoria de *Haroldo Valladão*.

Neste ínterim, pode-se dizer que ainda está distante o esclarecimento sobre a situação, com a efetiva elucidação deste panorama vivenciado pelos operadores do comércio internacional. Para isto, apresentam-se alguns critérios de lei aplicável neste contexto, visando ao auxílio dos militantes na área.

---

(25) GARCIA JÚNIOR, Armando Álvares. *Lei aplicável aos contratos internacionais*, p. 12.
(26) *Ibidem*, p. 13.

Diversos são os critérios adotados no Direito positivo dos países. Dentre eles destacam-se os seguintes: a) o do lugar do contrato; b) o da *proper law;* c) o da lei pessoal das partes; d) o da lei do lugar da execução e e) o da autonomia da vontade.

Sobre o **critério do lugar do contrato**, *lex loci contractus* ou, ainda, *lex loci celebrationis*, tem-se que é a escola preferida dos civilistas franceses. Assevera-se que "(...) nenhuma lei seria mais adequada na regulação de uma obrigação jurídica do que aquela vigente no lugar onde ela se constitui"[27].

Desta maneira, a obrigação nasce sob o império de uma lei e submete-se ao seu regramento. Seria coerente, assim, que a lei disciplinadora fosse aquela vigente no espaço em que surge a obrigação.

A antiga Lei de Introdução ao Código Civil[28], aclamou, como regra geral, a lei do lugar do contrato, ao estabelecer a regularização dos efeitos das obrigações pela lei do local onde foram contraídas, salvo estipulação em contrário[29].

Na lei atualmente em vigência nota-se, também, esta condição, pois consta no seu art. 9º, *caput*, que para qualificar e reger as obrigações aplicar-se-á a lei do país em que se constituírem.

Critica-se este critério, principalmente porque o lugar do contrato pode ser meramente ocasional. Por conseguinte, os contratantes, encontrando-se em países em que não estão domiciliados, firmariam aí um contrato internacional. Citam-se, como exemplo, as feiras internacionais de negócios, onde ocorrem, corriqueiramente, situações como a apresentada. Ademais, denota-se difícil a aplicação deste critério entre contratantes ausentes, como no *e-comerce /internet*, pois resta incerto ou fictício o local onde o ajuste restou pactuado.

No **critério da *proper law***, antes abordado no item 1.3.2, como se observou, cabe à autoridade monocrática, ou seja, "(...) ao juiz, a missão de encontrar o centro de gravidade da relação jurídica, no caso concreto, ponderando, objetivamente, todas as circunstâncias peculiares ao tipo de contrato, seu objeto e partes contratantes"[30].

A teoria do *proper law*, fruto da dinâmica do comércio internacional, é muito utilizada pelos países anglo-saxões, em especial a Inglaterra, e, se-

---

(27) GARCIA JÚNIOR, Armando Álvares. *Lei aplicável aos contratos internacionais*, p. 21.
(28) Lei n. 3.071, de 1º de janeiro de 1916.
(29) A referida consagração deve-se ao art. 13 da antiga LICC, que tinha a seguinte redação: "Art. 13. Regulará, salvo estipulação em contrário, quanto à substância e aos efeitos das obrigações, a lei do lugar onde forem contraídas".
(30) GARCIA JÚNIOR, Armando Álvares. *Lei aplicável aos contratos internacionais*, p. 26.

gundo ela, o direito assim determinado será o aplicável para reger a relação jurídica contratual.

No critério *proper law* ocorre, portanto, a ausência de lei reguladora do contrato por falta de expressa e voluntária previsão no mesmo, valendo, legalmente, o próprio pacto submetido apenas à vontade das partes, desligado de toda lei nacional.[31] Resta consagrada, assim, como lei aplicável "(...) a do país com o qual o contrato tiver maior número de afinidades ou conexões, não desconsiderando o prestígio deferido à autonomia da vontade"[32].

Sublinha-se que, mesmo no sistema da *proper law*, não se vislumbra uma absoluta autonomia da vontade,

(...) posto que também naquele sistema esbarra a teoria na questão da ordem pública, que igualmente a limita, posto que tal critério encerra uma carga de subjetividade por parte do julgador. Mesmo dirigido por tais parâmetros, ele poderá chegar a um resultado diverso do que as partes efetivamente pretenderam[33].

Refuta-se como censura a este critério a existência de uma grande parcela de subjetivismo na sua apreciação, porquanto não se identifica facilmente a prestação mais característica de um CIC.

Cabe ressaltar que a Convenção Interamericana sobre Direito Aplicável aos Contratos Internacionais (CIDP V – México/1994)[34] recepcionou, subsidiariamente, a aludida teoria.

Por sua vez, o **critério da lei pessoal das partes**, ou *lex personae*, considera que a lei pode ser tanto a da nacionalidade (*lex patriae*), como a do domicílio (*lex domicilii*). Atenta-se que os países realizam sua opção levando em consideração a sua própria conveniência, sendo que as normas de DIPr consubstanciam esta escolha[35].

Referido critério foi adotado pelo Código de Bustamante[36], bem como pela antiga LICC[37].

---

(31) Cf. MELO, Jairo Silva. *Contratos internacionais comerciais e cláusulas* hardship, p. 67.
(32) GARCIA JÚNIOR, Armando Álvares. *Lei aplicável aos contratos internacionais*, p. 27.
(33) ROVIRA, Suzan Lee Zaragoza de. *Estudo comparativo sobre os contratos internacionais*: aspectos doutrinários e práticos, p. 59.
(34) Frisa-se que maiores apontamentos sobre a CIDP V – México/1994 serão lançados no item 3.3.1.
(35) Cf. GARCIA JÚNIOR, Armando Álvares. *Lei aplicável aos contratos internacionais*, p. 19.
(36) Como se observa pela leitura do art. 186, assim disposto: "Art. 186. Nos demais contratos, e para o caso previsto no artigo anterior (contratos de adesão), aplicar-se-á em primeiro lugar a lei pessoal comum aos contratantes e, na sua falta, a do lugar da celebração".
(37) A antiga Lei de Introdução ao Código Civil (Lei n. 3.071/1916) também adotou a lei pessoal das partes em seu art. 13, inciso II, parágrafo único, ao estabelecer que "(...) sempre se regerão pela lei brasileira as obrigações contraídas entre brasileiros em país estrangeiro".

Freqüentemente critica-se este critério, tendo em vista que a lei pessoal somente pode ser aplicada se comum às partes. Porém, não é sempre assim que acontece no âmbito dos negócios internacionais[38].

O **critério da lei do lugar da execução**, *lex loci solutinis* ou, ainda, *lex loci executionis*, tem como seu principal expoente o alemão *Friedrich Karl von Savigny*. Defende, o mencionado jurista, que a obrigação resultante do contrato deve ser disciplinada pela lei vigente no lugar da sua execução, porque se pondera que neste local a obrigação demonstra a sua eficácia, encontrando aí seu cumprimento e solução[39].

Em mais uma oportunidade, a já ventilada antiga LICC consagrou este critério, ao preceituar no seu art. 13, parágrafo único, inciso I, que "(...) sempre se regerão pela lei brasileira os contratos ajustados em países estrangeiros, quando exeqüíveis no Brasil".

A atual LICC, no art. 9º, § 1º, dispõe no sentido de que, "destinando-se a obrigação a ser executada no Brasil e dependendo de forma essencial, será esta observada, admitidas as peculiaridades da lei estrangeira quanto aos requisitos extrínsecos do ato".

A *lex loci executionis* também sofre censuras à sua utilização, porque nem sempre é possível antever o lugar da execução da obrigação contratual, somando-se o fato de que existem obrigações cuja execução é prevista para diferentes lugares[40].

A autonomia da vontade como critério passou por veementes discussões acerca da sua aplicação, mesmo ao tempo da antiga LICC, porquanto a expressão do art. 13: ("*salvo estipulação em contrário*"), gerava questionamentos e diversos tipos de interpretação para a sua efetiva utilização. Contudo, apesar das controvérsias, considerava-se permitida a adoção da autonomia da vontade.

Na atualidade, por força da supressão da locução "*salvo estipulação em contrário*" (redação da atual LICC - art. 9º), as discussões voltaram à tona, criando-se a problemática da manutenção ou não do princípio da autonomia da vontade e da sua aplicação. A corrente doutrinária atualmente predominante[41] no Brasil reconhece a aplicação indireta do princípio da autonomia da vontade, especialmente porque é possível a escolha do local da contratação pelas partes[42].

---

(38) Cf. ANDRADE, Agenor Pereira. *Manual de direito internacional privado*. 6.ed. rev. e atual. São Paulo: Sugestões Literárias, 1987. p. 264.

(39) Cf. GARCIA JÚNIOR, Armando Álvares. *Lei aplicável aos contratos internacionais*, p. 17.

(40) *Ibidem*, p. 19.

(41) Diversos doutrinadores reconhecem a aplicação indireta da autonomia da vontade no Brasil, dentre eles destacam-se: Haroldo Valladão, Olavo Baptista, Oscar Tenório, Jacob Dolinger, Nadia Araujo, entre outros.

(42) Cf. BAPTISTA, Luiz Olavo. *Dos contratos internacionais*: uma visão teórica e prática, p. 48-49.

A autonomia da vontade, de forma simples, pode ser definida como "(...) a faculdade de escolha de uma determinada lei"[43]. Consigna-se, modernamente, que a autonomia da vontade encontra limites impostos pela sobreposição das normas de ordem pública e das leis imperativas[44]. A temática, abordada anteriormente, esclarece que as referidas normas regulam fatos jurídicos ocorrentes em seu âmbito de aplicação espacial, impedindo as partes contratantes de procederem à eleição da lei de regência. Cita-se, como exemplos, o âmbito das relações disciplinadas pelo direito do consumidor[45], as obrigações trabalhistas, entre outros.

Garcia Júnior enfatiza que as críticas feitas à autonomia da vontade, em matéria da definição de conflito de leis ligadas às obrigações contratuais, "(...) giram em torno da inaplicabilidade desse princípio a certos tipos de contrato, cujo conteúdo se caracteriza por um grande número de cláusulas com base legal imperativa, que foge à ação da vontade das partes"[46]. No que tange à vontade humana, há ainda outra objeção, pois o ato humano representa-se puramente natural, ou seja, os efeitos jurídicos decorrentes deste ato ocorrerão quando uma lei lhe atribuir qualidade jurídica.

Em razão disto, a eficácia jurídica do contrato mostra-se dependente da lei e não da vontade. Assim, a autonomia não quer de modo algum enunciar que "(...) a vontade das partes é igual ou superior à lei, mas que as partes podem determinar, por uma referência global à lei estrangeira, os efeitos jurídicos do contrato"[47].

A Convenção sobre Direito Aplicável aos Contratos Internacionais (CIDP V), realizada no México, em 17 de março de 1994, consagrou a autonomia da vontade como forma justa e legal de escolha do direito material aplicável a tais instrumentos internacionais[48].

O Brasil, apesar de ter assinado esta convenção, ainda não a ratificou, o que também acontece com os demais países do Mercosul. No momento

---

(43) SERPA LOPES, Miguel Maria. *Comentário teórico e prático da Lei de Introdução ao Código Civil.* v. II. Rio de Janeiro: Livraria Jacinto Editora, 1944. p. 316. *Apud:* GARCIA JÚNIOR, Armando Álvares. *Lei aplicável aos contratos internacionais,* p. 31.

(44) Observe-se as considerações apresentadas no item 2.3.2.

(45) Confira o disposto no Código de Defesa do Consumidor Brasileiro, Lei n. 8.078, de 11 de setembro de 1990, no Decreto n. 1.306, de 09 de novembro de 2004, que regulamenta o fundo de defesa de direitos difusos, e no Decreto n. 2.181, de 20 de março de 1997, que dispõe sobre a organização do sistema nacional de defesa do consumidor e estabelece as normas gerais de aplicações das sanções administrativas previstas nesta lei.

(46) GARCIA JÚNIOR, Armando Álvares. *Lei aplicável aos contratos internacionais,* p. 32.

(47) SZASZY, Etiene. *Théorie de l'autonomie dans les obligations en Droit International Privé. Révue Critique de Droit Intenational,* 1934. p. 676. *Apud:* GARCIA JÚNIOR, Armando Alvares. *Lei aplicável aos contratos internacionais,* p. 32.

(48) Como se verifica pela leitura dos arts. 7º e 8º da mencionada convenção, que serão examinados, na seqüência, no item 3.3.1.

em que vier a ratificá-la, entende-se que cessariam muitos problemas gerados pela confusa redação do art. 9º da Lei de Introdução ao Código Civil de 1942, permitindo que as partes contratantes elejam qual direito irá regular seu contrato no caso de haver algum litígio, dependendo, de forma evidente, da conduta das partes e das cláusulas contratuais, consideradas em seu conjunto[49].

Diante destes apontamentos, passa-se ao exame de algumas repercussões da norma brasileira frente aos contratos entre partes presentes e ausentes.

3.1.2 Contratos entre partes presentes e ausentes

O contrato, entendido, de forma geral, como um acordo entre duas ou mais pessoas, em conformidade com a lei, destinado a estabelecer um regimento de interesses entre os contratantes no intuito de aquisição, modificação ou extinção de relações de natureza obrigacional, apresenta algumas particularidades jurídicas, quando analisados sob a óptica do Direto Internacional Privado.

Busca-se, resumidamente, fazer algumas considerações sobre os contratos entre partes presentes e ausentes.

O **contrato entre presentes** é aquele ajustado entre os contratantes, na presença de ambos. Alerta-se que o Código Civil Brasileiro de 2002 considera, também, como presente a pessoa que contrata por telefone ou por meio de comunicação semelhante[50].

O contrato entre presentes pactuado no Brasil não apresenta maiores complexidades para o trato jurídico, porquanto a lei aplicável às relações obrigacionais entre as partes deverá ser apenas a brasileira[51]. Por outro lado, exemplificando-se, no caso de haver uma proposta no Brasil e sua aceitação ocorrer na Espanha, a situação não será tão simples para encontrar-se a solução jurídica, se necessária.

De maneira diversa, nota-se que a contratação entre ausentes ultrapassa os limites nacionais ou domésticos, ensejando, repete-se, maiores cuidados no seu manejo.

Nos contratos entre presentes importa frisar que o lugar do pacto, ou seja, o local onde a obrigação derivada do contrato internacional comercial

---

(49) Cf. arts. 7º a 11 da Convenção Interamericana sobre Direito Aplicável aos Contratos Internacionais, realizada no México, em 17 de março de 1994. Disponível em: <http//www.oas.org/ jurídico/portuguese/treaties/B-56.htm> Acesso em: 10.11.2003.

(50) Cf. art. 428, I, do CC de 2002.

(51) No Brasil, como regra geral, reputa-se celebrado o contrato no lugar em que foi proposto. Cf. art. 435 do CC – Lei n. 10.406, de 10 de janeiro de 2002.

se constitui, é elemento de suma importância, porquanto, conforme anteriormente abordado, por regra geral, será a lei deste lugar que regulará as obrigações do referido contrato. Desta forma, ficará o pacto adstrito ao critério da lei do local em que foi firmado, ou *lex loci celebrationis*. Ressalta-se, ainda, que nestes contratos não se observa a nacionalidade das partes envolvidas, nem mesmo os seus domicílios, independentemente da posição dos contratantes na iniciativa da proposta e contraproposta[52].

Importa esclarecer que não se deve afastar totalmente ou impedir a aplicação da lei de um país pela norma de outro, mas é conveniente observar a regulamentação das "(...) obrigações contratuais que surjam no espaço físico submetido à autoridade deste país"[53].

A respeito, *Garcia Júnior* acrescenta que "(...) a lei de outro Estado pode até concorrer na regulação da obrigação, ou mesmo pretender ser a única a regulá-lo, mas não tem o poder de afastar a norma vigente de nenhuma coletividade estatal"[54].

No Brasil, doutrinariamente, ajustou-se, como regra geral, que vigora a lei do local da celebração do contrato (art. 9º da LICC), com exceção dos atos relativos a imóveis situados em nosso país bem como aqueles relativos ao regime hipotecário brasileiro[55].

Os contratos entre presentes, portanto, estão sob a égide normativa da lei do lugar onde se constituiu a obrigação, não ofertando maiores contratempos aos operadores do comércio internacional.

Os **contratos entre ausentes**, de forma dimensionalmente oposta aos entre presentes, revelam-se pactos ajustados por partes que não estão face a face, localizadas em locais distantes, os quais, no caso de contratos internacionais comerciais, entende-se lugares por diferentes países.

Nestes contratos, a distância física entre os contratantes representa um elemento consideravelmente complicador, que muitas vezes não é bem analisado pelas partes envolvidas na contratação internacional, geralmente, por ingenuidade dos envolvidos.

A grande gama de contratos internacionais comercias firmados diariamente faz com que o operador do comércio internacional leve em consideração este elemento – distância, para situar-se acerca das regras estabelecidas para os pactos entre ausentes.

---

(52) Cf. GARCIA JÚNIOR, Armando Alvares. *Lei aplicável aos contratos internacionais*, p. 37-38.
(53) *Ibidem*, p. 39.
(54) *Ibidem*, p. 39.
(55) Exceção também conhecida pela expressão *lex rei sitae*. A maioria dos países consagra a referida regra, ou seja, aplica a lei da situação do imóvel. No Brasil esta exceção é prevista no art. 8º, *caput*, da LICC em vigor, *verbis*: "Para qualificar os bens e regular as relações a eles concernentes, aplicar-se-á a lei do país em que estiverem situados".

A estrutura dos contratos entre presentes e ausentes é essencialmente a mesma, diferindo, apenas, no aspecto em que as partes encontram-se em lugares distintos, como no caso de um contratante formulador da proposta estar sediado em um país e o aceitante/contratante em nação diversa do proponente.

Desta forma, para o estudo da determinação do direito material aplicável a estes contratos, deve-se focar nas fases da contratação e da administração propriamente ditas. As tratativas pré-contratuais, a princípio, não influenciarão para a pesquisa da lei aplicável.

Insta frisar que "(...) o divisor de águas, pela ótica espaço-temporal do Direito, é a celebração da avença, coroação do acerto conseguido no ajuste de vontade das partes. A vida comercial começa a partir da celebração do pacto"[56].

Enfim, firmado o contrato, verifica-se que poderão surgir problemas quanto à definição do direito/lei a ele aplicável, porquanto a relação obrigacional delimita-se aos ajustes normativos pautados pela norma de regência[57].

Neste ponto, constata-se que a vida dos contratantes está vinculada a pautas normativas, tais como o *pacta sunt servanda* e a lei competente, "(...) incidente e reguladora de suas omissões e cerceadora de seus excessos, observando-se que as duas balizes jurídicas não são estanques, tampouco caminham paralelas"[58]. Destarte, tem-se que a lei/norma sempre estará nas bases do contrato, funcionando com uma "(...) malha a preencher lacunas contratuais que inevitavelmente existem"[59].

Em suma, cada Estado tem seu próprio critério para normatizar as obrigações oriundas dos contratos. Em se tratando de pacto entre ausentes, poderá haver a incidência de distintas regras para a solução do imbróglio.

A dificuldade está, portanto, na sensibilidade do operador jurídico em estabelecer com clareza qual regra será aplicada para aquela situação conflitante no contrato ajustado entre ausentes, sem desrespeitar o pactuado.

Pode-se perceber que esta não é uma tarefa simples, primeiramente porque as leis são muitas vezes reticentes e em segundo plano, pelo fato de que os contratantes nem sempre deixam transparecer qual será a norma competente para conduzir seus contratos.

---

(56) GARCIA JÚNIOR, Armando Alvares. *Lei aplicável aos contratos internacionais*, p. 45.
(57) *Ibidem*, p. 47.
(58) *Ibidem*, p. 47.
(59) *Ibidem*, p. 48.

Por sua vez, a norma brasileira também não foi explícita sobre a questão do pacto entre ausentes[60]. Apesar dos enfáticos debates acerca do tema no Brasil, em especial na década de 40, atualmente o que se observa é um verdadeiro marasmo no trato deste importante tema. A matéria é digna de um maior apreço, pois impressiona a expansão global destes pactos internacionais.

A problemática está na definição da norma. As diversas interpretações do art. 9º da LICC e a indefinição do legislador na redação deste artigo proporcionam altercações no trato do tema, que serão melhores abordadas na seqüência.

3.1.3 A questão no Brasil: principais interpretações, críticas e exceções à regra do art. 9º do Decreto-lei n. 4.657/1942

A determinação do local onde se tem por concluído o contrato internacional revela-se de suma importância para o DIPr, porquanto desta delimitação decorre a questão do foro competente e a lei que será aplicável à relação obrigacional.

No Brasil a questão está regrada na já citada Lei de Introdução ao Código Civil (Decreto-lei n. 4.657, de 04 de setembro de 1942). Cabe apontar brevemente alguns aspectos históricos no que se refere às interpretações concedidas à aplicação do direito material aos contratos internacionais, dispostos na antiga LICC (Lei n. 3.071, de 1º de janeiro de 1916).

A história do DIPr no Brasil não se caracteriza pela nítida distinção entre lei e teoria, no sentido de que "(...) aquela sempre teve como pressuposto a formulação doutrinária"[61].

A antiga LICC, no seu art. 13, dispôs de maneira intrínseca acerca do princípio da autonomia da vontade, que assim estabelecia:

> **Art. 13.** Regulará, salvo estipulação em contrário, quanto à substância e efeitos das obrigações, a lei do lugar onde foram contraídas.

Nem todos os doutrinadores concordavam em reconhecer que a citada expressão "*salvo estipulação em contrário*" continha inequívoca adoção do princípio da autonomia da vontade das partes[62].

---

(60) O Decreto-lei n. 4.657/1942, leva em consideração, no seu art. 9º, a lei aplicável às obrigações internacionais, porém não menciona no *caput*, qualquer regra sobre as obrigações contratuais, o que só acontece no seu § 2º, não havendo, entretanto, distinção do contrato entre ausentes e presentes. Esta situação pode gerar interpretações de que a LICC adotou o mesmo princípio para ambas as categorias contratuais. Cf. GARCIA JÚNIOR, Armando Álvares. *Lei aplicável aos contratos internacionais*, p. 50.

(61) STRENGER, Irineu. *Da autonomia da vontade:* direito interno e internacional, p. 188.

(62) Cf. ARAUJO, Nadia. *Contratos internacionais*: autonomia da vontade, Mercosul e convenções internacionais, p. 83-96.

Importa destacar que, apesar de não haver reconhecimento unânime, a expressão existia na sistemática nacional. Segundo *Eduardo Espíndola*, a real interpretação científica do mencionado dispositivo seria que: a) a lei competente, em tudo quanto diz respeito à matéria interpretativa, ou propriamente ao regime das obrigações e contratos, é a *lex loci celebrationis*, a qual não pode ser afastada por estipulação contrária das partes; b) em relação à matéria supletiva, só prevalecerá a *lex loci celebrationis*, como lei interpretativa da vontade das partes, quando estas não tenham estipulado condições diferentes[63].

Frisa-se, ainda, que aludida locução autorizava, à época, a adoção do princípio da autonomia da vontade no Direito brasileiro, mas somente em relação à matéria supletiva, pois a matéria imperativa, considerando a lei competente, não podia ser objeto de escolha da partes[64].

Atualmente, a LICC estabelece os princípios que regem nosso sistema de aplicação espacial das leis, disciplinando as condições para a interpretação e o equacionamento das hipóteses de conflito, e as normas para a adoção de sentenças estrangeiras no Brasil[65].

A questão da soberania do Estado envolve o seu "(...) *status* jurídico, em que o governo não se sujeita a qualquer autoridade que lhe seja superior, não reconhece qualquer poder maior de que possa depender a definição e o exercício da suas competências"[66].

A grande gama de competências de um Estado não é ilimitada, porquanto há normas jurídicas internacionais que determinam a divisão equânime destas funções, visto que nenhum Estado possui caráter superior[67].

Segundo *Garcez*[68], "(...) simultaneamente à posição igualitária e soberana desfrutada pelo Estado, que não se submete a qualquer outra hierarquia superior normativa, as relações privadas construíram um sistema lastreado na autonomia da vontade".

---

(63) Cf. ESPÍNDOLA, Eduardo. *Tratado de direito civil brasileiro*: do direito internacional privado brasileiro, parte especial. Rio, 1942. *Apud*: STRENGER, Irineu. *Da autonomia da vontade:* direito interno e internacional, p. 192.
(64) Cf. ARAUJO, Nadia. *Contratos internacionais*: autonomia da vontade, Mercosul e convenções internacionais, p. 105-106.
(65) Cf. GARCEZ, José Maria Rossani. *Contratos internacionais comerciais*: planejamento, negociação, solução de conflitos, cláusulas especiais e convenções internacionais, p. 53.
(66) *Ibidem*, p. 52.
(67) Cf. REZEK, José Francisco. *Direito internacional público*. São Paulo: Saraiva, 1991. p. 227.
(68) GARCEZ, José Maria Rossani. *Contratos internacionais comerciais*: planejamento, negociação, solução de conflitos, cláusulas especiais e convenções internacionais, p. 52.

Destaca-se, ainda, que este sistema tem também sua limitação na lei, mas, ao lado das normas que apresentam imposição imperativa às relações obrigacionais, há outras cujo valor é supletivo, o que justifica aos interessados a sua manifestação de vontade, para que suas relações jurídicas, sustentadas nestas últimas, sejam regidas de outra forma[69].

A respeito, *Garcez*[70] salienta que "(...) a vontade na formação do direito convencional, entretanto, deve manifestar-se de forma que não afronte a lei nem os princípios de ordem pública".

Desta forma, o valor do direito convencional

> (...) vai ao ponto de autorizar a livre escolha entre as partes de um contrato da lei de sua preferência para discipliná-lo, sem que os tribunais tenham qualidade para modificar ou interferir em tal escolha. Os tribunais integrados à estrutura interna dos países intervirão, quando chamados, para interpretar e aplicar o direito convencional, mas na forma do estabelecido[71].

Na atualidade, a matéria vem tratada no artigo 9º da LICC, assim disposto:

> **Art. 9º.** Para qualificar e reger as obrigações, aplicar-se-á a lei do país em que se constituírem.
> **§ 1º.** Destinando-se a obrigação a ser executada no Brasil e dependendo de forma essencial, será esta observada, admitidas as peculiaridades da lei estrangeira quanto aos requisitos extrínsecos do ato.
> **§ 2º.** A obrigação resultante do contrato reputa-se constituída no lugar em que residir o proponente.

Como se verifica pela leitura do *caput* do artigo acima citado, nos ajustes entre presentes adota-se a lei do lugar de sua constituição, ou seja, o sistema brasileiro vigente "(...) rege-se pela lei do lugar em que foram constituídas as obrigações"[72]. Já para os pactos entre ausentes, o § 2º conduz

---

(69) Cf. GARCEZ, José Maria Rossani. *Contratos internacionais comerciais*: planejamento, negociação, solução de conflitos, cláusulas especiais e convenções internacionais, p. 52-53.
(70) *Ibidem*.
(71) *Ibidem*.
(72) STRENGER, Irineu. *Da autonomia da vontade:* direito interno e internacional, p. 195. No mesmo sentido Baptista, pois aduz que "(...) é o lugar da conclusão como elemento de conexão para determinar a lei aplicável". BAPTISTA, Luiz Olavo. *Dos contratos internacionais*: uma visão teórica e prática, p. 31.

à interpretação de que se aplica a regra do lugar onde residir o proponente[73].

Não há, portanto, uma única regra capaz de reger os contratos avençados entre presentes e ausentes. A regra da lei do local do contrato é vigorosa, porém resta complicado aceitar, simplesmente, que há uniformidade da regra jurídica para categorias contratuais e situações fáticas tão diversas[74].

Pode-se constatar que a aplicação da *lex loci celebrationis* é deveras intricada no trato dos contratos à distância, pois, muitas vezes, é praticamente impossível determinar o exato local da sua celebração.

A autoridade normativa, buscando evitar uma situação caótica no mundo jurídico e, até mesmo, a inibição dos negócios internacionais, criou elementos artificiais para se descobrir o local[75] da celebração do contrato[76].

---

[73] A regra inserta neste dispositivo e definida como elemento de conexão, qual seja: a da residência do proponente é controvertida. Não há consenso na doutrina sobre a matéria. As discussões giram em torno das acepções do verbo *residir*, pois há quem entenda que o § 2º do art. 9º da LICC, ao empregá-lo, reproduziu o art. 1087 do CC de 1916, cuja redação é repetida no CC de 2002, em seu art. 435, *verbis*: "Art. 435. Reputar-se-á celebrado o contrato no lugar em que foi proposto". Segundo Amílcar de Castro, a divergência de redação presente nestes dois dispositivos legais seria apenas aparente. A diferença existiria apenas na compreensão feita pelos espíritos mais desavisados. Por outro lado, Rodrigo Otávio, com melhor rigor técnico, discorda desta opinião, alegando que "(...) nessa colisão de princípios de direito internacional privado e leis nacionais, o melhor critério, segundo nos parece, está no seguinte: Quando o direito de um estado determina que uma relação jurídica será regulada pela lei do lugar da celebração do ato, esta regra de direito internacional privado só pode ter sentido desde que se complete com a regra de direito interno, territorial, no que fixa o lugar em que é celebrado o contrato, trate-se de presentes ou ausentes por seus representantes legais". OTÁVIO, Rodrigo. *Manual do código civil brasileiro*. v. I, Rio de Janeiro: Livraria Jacintho Editora, 1932. p. 395. *Apud*: GARCIA JÚNIOR, Armando Álvares. *Lei aplicável aos contratos internacionais*, p. 61-62. Assim, "(...) a acepção atribuída ao termo *residência*, entretanto, desconfigura o dispositivo encontrado na Lei de Introdução (cujo âmbito normativo-espacial concerne às obrigações com feitio internacional), tornando-o cópia estapafúrdia de texto localizado no Código Civil, cujo âmbito espacial é diametralmente oposto (disciplinamento de obrigações constituídas no cenário doméstico). Não se pode confundi-los. (...) As regras de disciplinamento no direito positivo pátrio são distintas para ambas as obrigações. Considerá-las iguais não ajuda em nada, pelo contrário, atrapalha os operadores do direito, que passariam (em virtude de uma interpretação específica, defendida por civilistas de formação), a lidar com as mesmas regras em situações completamente diferentes". GARCIA JÚNIOR, Armando Álvares. *Lei aplicável aos contratos internacionais*, p. 62-63.

[74] Cf. GARCIA JÚNIOR, Armando Álvares. *Lei aplicável aos contratos internacionais*, p. 54.

[75] Frisa-se que *o lugar exato* da celebração no contrato ajustado entre ausentes, por diversas condições, é de difícil reconhecimento e, muitas vezes, impossível de se chegar a uma determinação.

[76] Cf. GARCIA JÚNIOR, Armando Álvares. *Lei aplicável aos contratos internacionais*, p. 55-57.

Como assevera *Garcia*, trata-se de uma boa invenção, criada com intuito de manter a segurança[77] das relações jurídicas[78].

Esta criação pode ser representada como "(...) a substituição do local efetivo pelo lugar *onde juridicamente se reputa celebrado o contrato*"[79].

Portanto, considera-se que o citado § 2º do art. 9º apresenta uma construção artificial de um elemento determinador da localização da lei aplicável aos pactos internacionais[80]. Todavia, há que se considerar outra corrente doutrinária[81] defensora de que "(...) o ordenamento jurídico vigente no lugar onde residir o proponente é o único aplicável às obrigações contratuais internacionais, sendo indiferente se a celebração do contrato ocorreu entre presentes e ausentes"[82].

Anota-se que o dispositivo mencionado (art. 9º, *caput* e § 2º da LICC) tem caráter de "(...) norma supletiva, pois há a prevalência da autonomia da vontade, que permite a escolha pelas partes das normas de regência dos contratos"[83].

---

(77) Sabe-se que o Estado Democrático de Direito (CRFB, art. 1º) tem um significado relevante na análise do tema segurança jurídica. É um princípio fundamental de natureza formal, procedimental e material, ou seja, um modelo de organização que não se contenta apenas em estabelecer garantias jurídico-formais e regular o modo de atuação dos Poderes Públicos. Vai mais além, buscando, em verdade, a implementação de um leque diversificado de valores políticos, econômicos, sociais e culturais, plasmados no texto constitucional, dentre os quais importa examinar o valor segurança. A segurança jurídica é, sem sombra de dúvidas, uma das maiores aspirações do homem em suas relações sociais. O Direito, por sua vez, é o instrumento necessário à organização social e, por conseguinte, indispensável à obtenção da segurança. Destarte, a segurança jurídica indubitavelmente, trata-se de um princípio de concretização do Estado Democrático de Direito, no qual o poder encontra-se juridicamente limitado e obrigado a implementar uma diversidade de valores. Repisa-se que a segurança jurídica refere-se à garantia na estabilidade do conjunto de normas jurídicas (gerais e individuais) e à possibilidade dos administradores conhecerem, antecipadamente, os efeitos jurídicos dos comportamentos que poderão vir a praticar. Portanto, é concretizada por uma série de princípios constitucionais, como o da legalidade, o da irretroatividade, o da anterioridade da lei, o da inafastabilidade do controle jurisdicional, o da imutabilidade da coisa julgada, o da proteção ao ato jurídico perfeito, etc. Para Pimenta, tudo isto "(...) assegura ao indivíduo um direito fundamental da classe dos direitos de defesa, que pode ser enunciado do seguinte modo: o administrado tem o direito de confiar que aos seus atos ou decisões jurídicas, oriundas das três esferas de Poder, incidentes sobre situações ou relações jurídicas em que vier a figurar, serão ligados os efeitos jurídicos prescritos pelo ordenamento". PIMENTA, Paulo Roberto Lyrio. *O princípio da segurança jurídica em face de mudança da jurisprudência tributária*. In: ROCHA, Valdir de Oliveira (Coord.). *Grandes questões atuais de direito tributário*. São Paulo: Dialética, 2006, p. 361.

(78) Cf. GARCIA JÚNIOR, Armando Alvares. *Lei aplicável aos contratos internacionais*, p. 56.

(79) *Ibidem*, p. 57.

(80) *Ibidem*, p. 57.

(81) Destacam-se nesta corrente os autores: Haroldo Valadão; Serpa Lopes; José Maria Rossiani Garcez; Suzan Lee Zaragoza de Rovira e Armando Álvares Garcia Júnior.

(82) GARCIA JÚNIOR, Armando Álvares. *Lei aplicável aos contratos internacionais*, p. 57.

(83) GARCEZ, José Maria Rossani. *Contratos internacionais comerciais*: planejamento, negociação, solução de conflitos, cláusulas especiais e convenções internacionais, p. 55.

Desta forma, não havendo deliberação, pelos contratantes, acerca da lei norteadora do ajuste, observa-se que "(...) este se subordinará às normas de qualificação contidas no art. 9º e seu § 2º. Assim, poderão ser importantes na indagação dessa regência os documentos pré-contratuais, como as propostas, cartas ou faxes entre as partes"[84].

Na interpretação concedida por *Garcia*, verifica-se que o resultado da confrontação do *caput* do art. 9º com seu § 2º é o seguinte: "(...) a obrigação contratual é regida pela lei do país em que se constituiu, ou seja, pela lei vigente no lugar em que residir o proponente. É isso o que dispõe nossa legislação"[85].

Roque[86], na mesma esteira, aduz que:

O parágrafo 2º do art. 9º é bem mais claro e se refere especificamente à obrigação contratual, dizendo que a obrigação resultante de contrato reputa-se constituída no lugar em que reside o proponente. Se nas obrigações em geral vigora a *lex loci celebrationis*, nas obrigações contratuais vigora a *lex domicili* da parte que propõe a celebração do contrato, do solicitante.

Strenger[87] compreende que

(...) o princípio da liberdade convencional inexistente na redação da lei de certa forma deu maior amplitude à sua aplicação, porquanto tal possibilidade fica adstrita ao preceito alienígena que, assim, não pode ser desrespeitado, salvo por imposição de ordem pública, ou a algumas das restrições contidas no art. 17 da Lei de Introdução. Certamente a redação do art. 9º não é das mais felizes e, se sob determinado aspecto aperfeiçoou a disposição anterior, num outro prisma cria impasses mais sérios na órbita internacional, pois, além de distinguir contratos celebrados com violação da lei imperativa interna, devemos cuidar dos contratos que ferem as leis proibitivas do sistema estrangeiro, porquanto não resta a menor dúvida de que uma obrigação contraída no exterior pode sujeitar-se ao direito brasileiro no caso em que a lei do lugar do contrato admitir a autonomia da vontade e as partes resolverem escolher a lei brasileira.

---

(84) GARCEZ, José Maria Rossani. *Contratos internacionais comerciais*: planejamento, negociação, solução de conflitos, cláusulas especiais e convenções internacionais, p. 55.
(85) GARCIA JÚNIOR, Armando Álvares. *Lei aplicável aos contratos internacionais*, p. 59.
(86) ROQUE, Sebastião José. *Direito internacional privado*. Rio de Janeiro: Forense, 1991. p. 25.
(87) STRENGER, Irineu. *Da autonomia da vontade:* direito interno e internacional, p. 199.

Rovira[88] destaca que "(...) o elemento de conexão eleito pelo Direito Internacional Privado Brasileiro, em matéria de contratos, é o da residência do proponente".

Baptista[89] corrobora, ao aduzir que

> (...) a aplicação da regra do art. 9º abrange a qualificação do ato jurídico, a sua forma (...) e substância ou, (...) a constituição e os efeitos da obrigação; a capacidade das pessoas físicas, como se sabe, rege-se, no sistema brasileiro, pela lei de seu domicílio. Mas o art. 9º não significa que se aplique irrestritamente o princípio da territorialidade, pois o local da celebração é livre, e a autonomia da vontade das partes na sua escolha será respeitada. A regra do § 2º do art. 9º é de que 'a obrigação resultante do contrato, reputa-se constituída no lugar em que residir o proponente'. Trata-se aí, à evidência, do contrato entre ausentes, porque o celebrado entre presentes reputa-se concluído no lugar em que as partes o efetuaram, na forma disposta pelo *caput* desse mesmo artigo. (...)
>
> Há duas premissas a levar em conta na aplicação deste critério de conexão. A primeira é que a lei do lugar em que é firmado o contrato deve reconhecer o tipo de negócio objeto dele: assim, não se podia celebrar contrato de compra e venda com cláusula de reserva de domínio na França, antes que esta fosse admitida pela legislação daquele país. A segunda premissa refere-se ao lugar em que ocorre a emissão da vontade, a declaração e a assinatura do contrato. Se a vontade foi expressa através de um núncio, é o lugar em que a parte comunica sua vontade a este que predomina, isso em razão da aplicação analógica do § 2º do art. 9º da LICC.
>
> A liberdade na escolha do local, (...) só impera nos contratos particulares (segundo o conceito da lei brasileira) celebrados por pessoas de direito privado. Esse entendimento, aliás, é o que predominava quanto ao art. 11 da antiga Lei de Introdução ao Código Civil.

Para *Araujo*[90]

> (...) há na doutrina brasileira três correntes distintas de pensamento: a primeira, daqueles enfaticamente contrários à autonomia da von-

---

(88) ROVIRA, Suzan Lee Zaragoza de. *Estudo comparativo sobre os contratos internacionais*: aspectos doutrinários e práticos, p. 63.
(89) BAPTISTA, Luiz Olavo. *Dos contratos internacionais*: uma visão teórica e prática, p. 31-33.
(90) ARAUJO, Nadia. *Contratos internacionais*: autonomia da vontade, Mercosul e convenções internacionais, p. 108.

tade; a segunda, daqueles a favor, desde que limitada às regras supletivas, excluindo-se, portanto a possibilidade de sua aplicação ao contrato como um todo; e finalmente a terceira, daqueles favoráveis à teoria de forma mais ampla.

Assim, no que se refere à redação do art. 9º da atual LICC, havendo a supressão da expressão *salvo em disposição em contrário* contida no *caput* do art. 13 da antiga LICC, observa-se a conseqüente retirada da faculdade das partes disporem livremente acerca da lei aplicável no Brasil, com base na autonomia da vontade.

Pondera-se que a regência da temática disposta no art. 9º da atual legislação está pautada na aplicação da lei do lugar onde forem constituídas as obrigações, deixando de fazer qualquer alusão à autonomia da vontade. Porém, admite-se a aplicação do aludido princípio, indiretamente, desde que esteja previsto na norma do país em que se constituíram as obrigações pactuais.

Apesar das diversas posições acerca da regra brasileira, há algumas **críticas** e **exceções** que merecem destaque.

Como já aventado, a norma do § 2º do art. 9º da LICC, ao reputar celebrado o CIC no lugar em que foi proposto, afastou um pouco o comércio internacional da realidade prática, pois se sabe que a proposta pode ser realizada em um local e a sua finalização em outro. Desta forma, para minimizar os conflitos, deve-se considerar a regra do art. 435 do CC de 2002, como destinada exclusivamente aos contratos nacionais e não uma mera repetição da disposta no citado § 2º do art. 9º da LICC, a qual rege os pactos internacionais.

Outra crítica, semelhante à acima referida, diz respeito à figura do formulador da proposta, porquanto, segundo a interpretação do art. 9º da LICC, esta figura seria sempre uma pessoa física, tendo em vista que as pessoas jurídicas não possuem residência (art. 75 do CC de 2002[91]), sendo as maiores formuladoras das propostas em contratos internacionais.

---

(91) "Art. 75. Quanto às pessoas jurídicas, o domicílio é:

I - da União, o Distrito Federal;

II - dos Estados e Territórios, as respectivas capitais;

III - do Município, o lugar onde funcione a administração municipal;

IV - das demais pessoas jurídicas, o lugar onde funcionarem as respectivas diretorias e administrações, ou onde elegerem domicílio especial no seu estatuto ou atos constitutivos.

§ 1º. Tendo a pessoa jurídica diversos estabelecimentos em lugares diferentes, cada um deles será considerado domicílio para os atos nele praticados.

§ 2º. Se a administração, ou diretoria, tiver a sede no estrangeiro, haver-se-á por domicílio da pessoa jurídica, no tocante às obrigações contraídas por cada uma das suas agências, o lugar do estabelecimento, sito no Brasil, a que ela corresponder".

A fixação da residência não resolve as dúvidas dos operadores do comércio internacional, como, por exemplo, no caso do direito pátrio, não há previsão para uma pessoa que tenha mais de uma residência ou que não possua residência[92].

A seguinte crítica remete aos arts. 427, 428, 430 e 431 do CC de 2002[93], que não determinam como proposta inicial aquela a ser considerada nos termos do § 2º do art. 9º da LICC, devendo o profissional do Direito levar em consideração, também, a contraproposta.

Como **exceções** à regra do § 2º do art. 9º da LICC, registra-se que existem poucas. Cita-se como exemplo, as seguintes: a) a prevista no art. 444 da Consolidação das Leis do Trabalho (CLT)[94] e na Súmula/Enunciado nº 207 do Tribunal Superior do Trabalho[95], ou seja, será vigente a lei onde o

---

Lembra-se que a pessoa jurídica de Direito Privado pode ser demandada no domicílio da agência ou estabelecimento em que se praticou o ato, como dispõe a Súmula n. 363 do STF. Apresentado a pessoa jurídica diversos estabelecimentos e em diferentes locais, cada um deles será considerado domicílio para os atos neles praticados. Cf. GARCIA JÚNIOR, Armando Álvares. *Lei aplicável aos contratos internacionais*, p. 59.

(92) Serpa Lopes foi um dos raros autores brasileiros a se manifestar sobre o tema. Para ele, aplica-se nesta hipótese a lei do lugar de onde houver partido a oferta. Tratando-se de comerciante, entende que será aplicável a lei do lugar onde estiver a sede do estabelecimento. Cf. SERPA LOPES, Miguel Maria. *Comentários à lei de introdução ao código civil*. v. II. Rio de Janeiro: Freitas Bastos, 1959. p. 360. Apud: GARCIA JÚNIOR, Armando Álvares. *Lei aplicável aos contratos internacionais*, p. 72.

(93) Seguem as redações dos artigos:

"Art. 427. A proposta de contrato obriga o proponente, se o contrário não resultar dos termos dela, da natureza do negócio, ou das circunstâncias do caso".

"Art. 428. Deixa de ser obrigatória a proposta:

I - se, feita sem prazo a pessoa presente, não foi imediatamente aceita. Considera-se também presente a pessoa que contrata por telefone ou por meio de comunicação semelhante;

II - se, feita sem prazo a pessoa ausente, tiver decorrido tempo suficiente para chegar a resposta ao conhecimento do proponente;

III - se, feita a pessoa ausente, não tiver sido expedida a resposta dentro do prazo dado;

IV - se, antes dela, ou simultaneamente, chegar ao conhecimento da outra parte a retratação do proponente".

"Art. 430. Se a aceitação, por circunstância imprevista, chegar tarde ao conhecimento do proponente, este comunicá-lo-á imediatamente ao aceitante, sob pena de responder por perdas e danos".

"Art. 431. A aceitação fora do prazo, com adições, restrições, ou modificações, importará nova proposta".

(94) "Art. 444. As relações contratuais de trabalho podem ser objeto de livre estipulação das partes interessadas em tudo quanto não contravenha às disposições de proteção ao trabalho, aos contratos coletivo que lhes sejam aplicáveis e às decisões das autoridades competentes".

(95) "Súmula n. 207. A relação jurídica trabalhista é regida pelas leis vigentes no país da prestação de serviço e não por aquelas do local da contratação".

trabalhador estiver executando o contrato de trabalho; b) aquela dos contratos de transferência de tecnologia, pois segundo o INPI, tais ajustes devem ser regidos por lei brasileira e não pela do local da constituição do contrato, e c) nos atos relativos à economia dirigida ou aos regimes de bolsa e mercados, em que se aplica a lei do país de sua execução e não a do lugar de sua constituição.

Aponta-se, ainda, o art. 78 do CC de 2002[96] e o art. 111 do Código de Processo Civil[97], na questão atinente ao domicílio de eleição.

O domicílio de eleição ou especial, por fim, decorre do ajuste entre as partes de um contrato, sendo oportuno "(...) destacar, porém, que este dispositivo somente pode ser invocado em relações jurídicas em que prevaleça o princípio da igualdade dos contratantes e de sua correspondente autonomia da vontade"[98].

3.2 ALGUMAS QUESTÕES NO MERCOSUL

O direito material aplicável aos contratos internacionais contém algumas questões interessantes no Mercosul. Este item, portanto, está direcionado ao critério da autonomia em alguns países do Mercosul, apresentando-se considerações dispostas no Protocolo de Buenos Aires sobre Jurisdição Internacional em Matéria Contratual.

3.2.1 O critério da autonomia em países do Mercosul

Em mais uma oportunidade, repisa-se que o contrato internacional comercial consiste na manifestação, por excelência, do comércio mundial, ou seja, em importante ferramenta na concessão de segurança jurídica entre as partes participantes deste processo. Importa destacar, no tocante ao Mercosul, os aspectos principais no Protocolo de Buenos Aires referente à temática da autonomia da vontade, bem como breves apontamentos de algumas situações descritas nas regras de países membros do Bloco, a saber: a Argentina, o Brasil[99], o Uruguai e o Paraguai.

---

(96) Dispõe o art. 78 do CC de 2002: "Art. 78. Nos contratos escritos, poderão os contratantes especificar domicílio onde se exercitem e cumpram os direitos e obrigações deles resultantes".

(97) Dispõe o art. 111 do CPC: "Art. 111. A competência em razão da matéria e da hierarquia é inderrogável por convenção das partes; mas estas podem modificar a competência em razão do valor do território, elegendo foro onde serão propostas as ações oriundas de direitos e obrigação".

(98) GAGLIANO, Pablo. Stolze e PAMPLONA FILHO, Rodolfo. *Novo curso de direito civil*: parte geral. v. I. São Paulo: Saraiva, 2002. p. 253.

(99) As anotações atinentes à legislação brasileira, com um pouco mais de ênfase, estão expostas no item 3.1.3.

Os contratos internacionais, como regra geral, apresentam elementos de conexão com um ou mais sistemas jurídicos estrangeiros. Assim, possíveis litígios e discordâncias advindos do acordo poderão ser regrados, também, por um ou mais sistemas jurídicos estrangeiros, os quais serão capazes, ou não, de encampar a resolução no que diz respeito à jurisdição e à lei aplicável a tais contratos.

A solução poderá sofrer influência das regras (critérios) insertas e usuais nos países em que o contrato possa de alguma forma estar vinculado. A existência de diversos critérios[100], como, por exemplo, *lex loci celebrationis* e *lex loci execucionis*, não é suficiente para resolver a questão. O comércio internacional, portanto, vem adotando, como critério mais apropriado, aquele da autonomia da vontade na escolha da lei aplicável aos CIC, porém, como se vê, este nem sempre é aceito, pois pode interferir nas regras imperativas dos Estados vinculados ao pacto internacional.

Este critério (autonomia da vontade) vem sendo seguido pelos tratados internacionais. Contudo, em especial, nas regras dos Estados-Membros do Mercosul há resistência a esta natural disposição.

Pode-se constatar, nas regras de DIPr de alguns países do Mercosul a referida oposição ao critério da autonomia da vontade.

Na ARGENTINA, os conflitos em matéria contratual estão dispostos no Código Civil (arts. 1205 a 1216). O critério que determina a regra de conexão em matéria obrigacional é o da *lex loci execucionis*, tratado expressamente no art. 1209, determinando que, se a execução do contrato ocorrer na Argentina, aplicar-se-á esta lei na sua regência. Por outro lado, caso a execução seja em outro lugar, irá incidir a regra disciplinada pelo art. 1205, qual seja, a lei do local de celebração do contrato (*lex loci celebrationis*)[101].

Há na doutrina[102] argentina alguns que defendem a aplicação da autonomia da vontade. Entretanto, a jurisprudência não acompanha esta tendência, sendo poucos os casos em que foi utilizado este critério para a de-

---

(100) Tais critérios, foram objeto de análise no item 3.1.1.

(101) Cf. FRIEDRICH, Tatyana Scheila; ANDRADE, Isabela Piacentini. Lei aplicável a contratos internacionais no Mercosul. In: *Revista Brasileira de Direito Internacional*. Curitiba, v. 2, n. 2, jul./ dez. 2005, p. 43.

(102) Dentre os doutrinadores, destacam-se: a) Boggiano, que fundamenta sua tese nos arts. 19 e 31 da Constituição Argentina e b) Goldshmidt que o fundamenta nos arts. 1143 e 1197 do Código Civil Argentino. Há na Argentina, ainda, um projeto de lei de Direito Internacional Privado, corroborado pelos seguintes autores: Adriana Dreysin de Klor, Diego P. Fernandez Arroyo e Amália Martynoli.

finição da lei aplicável aos CIC[103]. Nas regras de arbitragem[104] "(...) também não há neste particular aceitação expressa da autonomia da vontade para a escolha da lei aplicável"[105].

No BRASIL, como já apontado anteriormente, as regras do DIPr estão enunciadas no art. 9º da LICC, consagrando, para contratos entre presentes, o critério da *lex loci celebrationis* e, para aqueles entre ausentes, as disposições do § 2º do citado artigo, ou seja, da residência do proponente.

No Brasil, a aceitação da autonomia da vontade na escolha da lei aplicável, a exemplo da Argentina, também é complexa. Com a regra taxativa disposta no *caput* do art. 9º da LICC, não se pode afirmar, como regra geral, que exista a autonomia da vontade para a indicação da norma aplicável. Todavia, há entre os doutrinadores consenso acerca da aplicação indireta do aludido critério, ou seja, a autonomia seria aceita caso a lei do local de celebração do pacto ou a lei do proponente a admitissem[106].

Ademais, há uma exceção à sua aplicação, a saber: a regra de arbitragem brasileira[107], disposta no art. 2º da Lei n. 9.307/1996.

No URUGUAI, a questão está disciplinada no seu Código Civil (art. 2399) e, a exemplo da Argentina, o critério adotado é o da *lex loci executionis*. A autonomia da vontade não é admitida, inclusive sob o aspecto indireto. A respeito das regras de arbitragem, também a exemplo da Argentina, não há menção sobre a possibilidade das partes escolherem o direito aplicável ao pacto sujeito à arbitragem[108].

No PARAGUAI, o critério também é o da *lex loci executionis*, estabelecido no art. 297 do seu Código Civil, que indica a aplicação da lei paraguaia para as obrigações executadas naquele país. A regra do local de celebração também é utilizada para as situações em que seja tratada a forma dos contratos (art. 23 do Código Civil). Há interpretações doutrinárias direcionadas à aplicação da autonomia da vontade, com embasamento nos arts. 297 e 669

---

(103) Cf. SOUZA JÚNIOR, Lauro da Gama. *Os princípios do* Unidroit *relativos aos contratos comerciais internacionais e sua aplicação nos países do Mercosul.* In: RODAS, João Grandino (Coord.). *Contratos internacionais*, p. 436-437.

(104) Regras previstas nos Códigos de Processo Civil e Comercial argentinos.

(105) FRIEDRICH, Tatyana Scheila; ANDRADE, Isabela Piacentini. Lei aplicável a contratos internacionais no Mercosul. In: *Revista Brasileira de Direito Internacional*, p. 43.

(106) Cf. RODAS, João Grandino. *Elementos de conexão do direito internacional privado brasileiro relativamente às obrigações contratuais.* In: RODAS, João Grandino (Coord.). *Contratos internacionais*, p. 44.

(107) Aspectos mais detalhados das regras de arbitragem brasileira serão tratados no item 3.3.1.

(108) Cf. FRIEDRICH, Tatyana Scheila; ANDRADE, Isabela Piacentini. Lei aplicável a contratos internacionais no Mercosul. In: *Revista Brasileira de Direito Internacional*, p. 44.

do Código Civil, que anunciam a liberdade de contratar, mas jurisprudencialmente a situação não é referendada[109].

As regras de arbitragem estão enumeradas na Constituição Paraguaia (art. 248) e, recentemente, na sua Lei de arbitragem (n. 1.879/2002, art. 32), a qual confere às partes autonomia para determinar a lei de regência ao contrato, nas situações de arbitragem[110].

3.2.2 A questão da autonomia no Protocolo de Buenos Aires sobre Jurisdição Internacional em Matéria Contratual (aspectos fundamentais)

Como se nota, nos supracitados Estados-Partes do Mercosul, as regras concernentes ao DIPr, no aspecto obrigacional, divergem da tendência global, o que representa um lamentável obstáculo ao desenvolvimento do referido Bloco.

No MERCOSUL, segundo Araujo, não há qualquer norma sobre lei aplicável aos CIC, porquanto

> (...) os contratos internacionais firmados no Mercosul são regidos pelas normas de DIPr de cada país. A situação é insatisfatória, consistindo em barreira jurídica impeditiva da uniformização do DIPr dos contratos no Mercosul. Para o bom funcionamento dos negócios, é preciso unificar essas normas. A inércia dos países-membros pode ter conseqüências desastrosas, a longo prazo, nas relações comerciais do mercado comum, contribuindo para a instabilidade das relações jurídicas[111].

O que existe no citado Bloco são regras sobre a escolha da jurisdição contenciosa internacional relativa aos contratos internacionais de natureza civil ou comercial celebrados entre particulares, pessoas físicas ou jurídicas, as quais estão dispostas no Protocolo de Buenos Aires sobre Jurisdição Internacional em Matéria Contratual[112].

O termo jurisdição "(...) advém do latim *jurisdictio*, ditar ou dizer o direito, ou seja, é o poder conferido aos juízes de aplicar o direito, (...) é a jurisdição

---

(109) Cf. FRIEDRICH, Tatyana Scheila; ANDRADE, Isabela Piacentini. Lei aplicável a contratos internacionais no Mercosul. In: *Revista Brasileira de Direito Internacional*, p. 45.
(110) *Ibidem*.
(111) ARAUJO, Nadia. *Direito internacional privado*: teoria e prática brasileira. Rio de Janeiro: Renovar, 2003. p. 335.
(112) Cf. Protocolo de Buenos Aires sobre Jurisdição Internacional em Matéria Contratual. In: *MERCOSUL*: legislação e textos básicos, p. 436-442.

que confere ao magistrado o poder de decidir a lide havida entre as partes"[113].

Destarte, a finalidade da cláusula de jurisdição é a determinação de qual foro será competente para solucionar uma demanda judicial havida entre as partes contratantes[114]. Adverte-se que a eleição do foro não implica necessariamente na escolha da lei aplicável ao contrato, muito menos que o direito daquele local seja utilizado para apreciar o imbróglio decorrente do contrato internacional.

Sob este aspecto, o referido protocolo, embora pouco conhecido pelos operadores do comércio internacional, destacando-se, especialmente, os que atuam na seara jurídica, está em pleno vigor para os Países-Membros do Mercosul.

Este protocolo foi concluído em 05 de agosto de 1994, aprovado pelo Congresso Nacional Brasileiro por meio do Decreto Legislativo n. 129, de 05 de outubro de 1995, e promulgado pelo Presidente da República mediante o Decreto n. 2.095, de 17 de dezembro de 1996.

A aplicação material do Protocolo de Buenos Aires se dá no âmbito das relações comerciais internacionais de natureza privada entre os Estados-Partes do Mercosul. Estão compreendidos, desta forma,

> (...) os negócios empresariais internacionais de natureza privada celebrados entre partes contratantes sediadas em Estados integrantes do Tratado de Assunção, pois se submetem a essa norma jurídica excluindo-se, por conseguinte, as respectivas normas nacionais dos Países-Membros[115].

Adverte-se que há exclusão expressa no tocante ao âmbito de aplicação do Protocolo, ou seja, limita-se aos contratos de natureza civil ou comercial, excetuando-se as hipóteses previstas no seu art. 2º, *verbis*:

Art. 2º. O âmbito de aplicação do presente Protocolo exclui:

1. as relações jurídicas entre os falidos e seus credores e demais procedimentos análogos, especificadamente concordatas;

2. a matéria tratada em acordos no âmbito do direito de família e das sucessões;

---

(113) BORCEZZI, Akemi Maria; MORAIS, Wilson Leite de. *Protocolo de Buenos Aires e as cláusulas de jurisdição nos contratos internacionais no âmbito do Mercosul*. In: PIMENTEL, Luiz Otávio (Org.). *Direito da integração e relações internacionais*: ALCA, MERCOSUL e UE, p. 25.

(114) *Ibidem*, p. 26.

(115) GARCIA JÚNIOR, Armando Álvares. *Jurisdição internacional em matéria contratual no Mercosul*. São Paulo: Aduaneiras, 2004. p. 16.

3. os contratos de seguridade social;
4. os contratos administrativos;
5. os contratos de trabalho;
6. os contratos de venda ao consumidor;
7. os contratos de transporte;
8. os contratos de seguro;
9. os direitos reais.

O aludido Protocolo tem natureza de norma de direito internacional público, porém visa a pautar algumas questões de direito internacional privado dos países a ela relacionados.

Em outros termos, objetiva regular a problemática da jurisdição competente, decorrente de CIC ajustados entre pessoas físicas ou jurídicas com sede social ou domicílio em diversos países do Mercosul ou "(...) quando uma das partes esteja nesta condição e, além disso, tenha determinado cláusula de eleição de foro em favor de um juiz de um Estado-Parte, com conexão razoável"[116].

Assim, o Poder Judiciário ou a Junta Arbitral dos Estados-Partes do Mercosul podem ser eleitos como foros competentes para examinar e decompor eventuais demandas jurídicas oriundas de descumprimento de contratos empresariais internacionais, ainda que um dos contratantes não tenha domicílio ou sede social em País-Membro do Mercosul.

É possível, "(...) válido e eficaz, no campo jurídico, a eleição do foro competente, de qualquer dos Estados-Partes do Mercosul, ainda que uma das partes contratantes tenha sua sede social em país não integrante da união aduaneira"[117].

Não restam dúvidas que, havendo negócio entre contratantes domiciliados nos países do Mercosul, ocorrerá a submissão ao Protocolo de Buenos Aires. Da mesma forma, incidirão as regras do Protocolo, desde que assim ajustado, quando hover apenas uma das partes contratantes com domicílio em país integrante do Bloco. Por outro lado, quando as partes não tiverem domicílio nos países do Mercosul e optarem, por exemplo, pelo foro da Argentina como competente para apreciar suas contendas contratuais, não haverá problemas quanto à validade da escolha; não serão reguladas pelo Protocolo de Buenos Aires, mas pela lei do foro, que é aquela do Estado escolhido[118].

---

(116) FRIEDRICH, Tatyana Scheila; ANDRADE, Isabela Piacentini. Lei aplicável a contratos internacionais no Mercosul. In: *Revista Brasileira de Direito Internacional*, p. 48.

(117) GARCIA JÚNIOR, Armando Álvares. *Jurisdição internacional em matéria contratual no Mercosul*, p. 25.

(118) *Ibidem*, p. 27-29.

Atenta-se, assim, que, existindo acordo e/ou ato internacional bi ou multilateral, como no caso do Protocolo de Buenos Aires, a conhecida e usual regra da lei do foro deixa de ser empregada e sucumbe às normas dispostas no citado Protocolo.

Deste modo, o direito processual interno[119] "(...) regulamenta as regras relativas à jurisdição internacional no intuito de evitar conflito com a legislação alienígena. Entretanto, havendo regra específica, a aparente antinomia se resolve pelo critério da especialidade"[120].

A autoridade judicial ou arbitral, quando da apreciação de um caso exposto ao alcance de regras alienígenas, deve observar se há ou não atos internacionais vigentes que incidirão sobre a questão jurídica *sub judice*. Havendo uma norma transnacional em vigor, deve ela ser necessariamente posta em prática, ou seja, aplicada imediatamente pela autoridade competente. Contudo, não existindo estes preceitos internacionais, a autoridade deve investigar e obter nas normas do ordenamento interno as regras a serem aplicáveis à demanda que esteja sob sua apreciação[121].

Um dos principais aspectos do Protocolo, previsto no Capítulo I (Eleição da Jurisdição), diz respeito ao privilégio concedido à eleição do foro. Há no Protocolo toda uma normatização com vistas a garantir a autonomia da vontade das partes na escolha da jurisdição, que pode acontecer no momento da celebração do contrato, durante sua vigência ou após suscitado o litígio, desde que haja consentimento[122].

Contudo, não havendo a escolha do foro competente, aplica-se a regra prevista nos arts. 7º a 12 do Protocolo de Buenos Aires, que abordam a questão da jurisdição subsidiária, donde se destacam três soluções, a saber:

a) poderá ser ajuizada no local onde o contrato deveria ser cumprido. Nesse caso está sendo aplicada a regra geral constante do art. 9º da LICC;

b) Juízo do réu – o autor poderá optar pelo domicílio do demandado;

---

(119) No direito brasileiro, a questão é disciplinada nos arts. 88 a 90 do Código de Processo Civil.

(120) BORCEZZI, Akemi Maria; MORAIS, Wilson Leite de. *Protocolo de Buenos Aires e as cláusulas de jurisdição nos contratos internacionais no âmbito do Mercosul*. In: PIMENTEL, Luiz Otávio (Org.). *Direito da integração e relações internacionais*: ALCA, MERCOSUL e UE, p. 26.

(121) Cf. GARCIA JÚNIOR, Armando Álvares. *Jurisdição internacional em matéria contratual no Mercosul*, p. 32-33.

(122) Cf. arts. 4º, 5º e 6º do Protocolo de Buenos Aires sobre *Jurisdição internacional* em Matéria contratual. In: *MERCOSUL*: Legislação e textos básicos, p. 438.

c) Juízo do autor – o autor poderá optar pela jurisdição de seu próprio domicílio ou sede social quando demonstrar ter cumprido a obrigação[123].

Assim, o Protocolo de Buenos Aires exalta o princípio da autonomia da vontade das partes na eleição da jurisdição para ajustar os conflitos decorrentes do contrato.

Observa-se que há clara disposição acerca da competência de tribunais eleitos livremente pelas partes, no momento da celebração do pacto, durante sua vigência ou uma vez suscitado o litígio. Não havendo acerto, quanto a esta situação, o autor poderá eleger a jurisdição do lugar de cumprimento do contrato, do domicilio do demandado, de seu domicílio ou sede social, como se colhe do disposto nos arts. 8º a 12 do supracitado Protocolo.

Registra-se, ainda, que o aludido ato também admite a escolha de tribunais arbitrais[124] para reger a demanda das partes litigantes.

3.3 TENDÊNCIAS E ALTERNATIVAS À APLICAÇÃO DA AUTONOMIA AOS CONTRATOS INTERNACIONAIS

Para abordar algumas tendências e alternativas à aplicação da autonomia da vontade aos pactos internacionais, importa destacar os aspectos

---

(123) Cf. art. 7º e seguintes do Protocolo de Buenos Aires sobre *Jurisdição internacional* em Matéria contratual. In: *MERCOSUL*: Legislação e textos básicos, p. 439-440. No mesmo sentido: BORCEZZI, Akemi Maria; MORAIS, Wilson Leite de. *Protocolo de Buenos Aires e as cláusulas de jurisdição nos contratos internacionais no âmbito do Mercosul*. In: PIMENTEL, Luiz Otávio (Org.). *Direito da integração e relações internacionais*: ALCA, MERCOSUL e UE, p. 27.

(124) As regras de arbitragem no Mercosul entraram em vigor com o Acordo sobre arbitragem comercial internacional. O referido Acordo uniformiza a aplicação da arbitragem entre os Estados-Membros do Mercosul elaborado no modelo da UNCITRAL, ou seja, seguiu as tendências mundiais acerca do tema. O art. 10 do Acordo conduz à interpretação de que a autonomia da vontade restou consagrada em matéria de direito aplicável, *verbis*: "Art. 10. (Direito aplicável à controvérsia pelo tribunal arbitral) As partes poderão eleger o direito que se aplicará para solucionar a controvérsia com base no direito internacional privado e seus princípios, assim como no direito de comércio internacional. Se as partes nada dispuserem sobre esta matéria, os árbitros decidirão conforme as mesmas fontes". O Brasil entretanto, entendeu que este artigo limitava o âmbito de aplicação do art. 2º da Lei de arbitragem brasileira (n. 9.307/1996), ratificando o Acordo por meio do Decreto n. 4.719/2003, com a seguinte reserva: "Art. 1º O Acordo sobre Arbitragem Comercial Internacional do Mercosul, concluído em Buenos Aires, em 23/07/1998, apenso por cópia ao presente Decreto, será executado e cumprido como nele se contém, ressalvado seu art. 10, que deve ser interpretado no sentido de permitir às partes escolherem, livremente, as regras de direito aplicáveis à matéria a que se refere o dispositivo em questão, respeitada a ordem pública internacional". Cf. FRIEDRICH, Tatyana Scheila; ANDRADE, Isabela Piacentini. Lei aplicável a contratos internacionais no Mercosul. In: *Revista Brasileira de Direito Internacional*, p. 49.

insertos na Lei de arbitragem brasileira, na Convenção Interamericana sobre Direito Aplicável aos Contratos Internacionais e nas regras de governança corporativa. Analisa-se, por derradeiro, a interpretação concedida pela jurisprudência brasileira em alguns julgados.

3.3.1 Aspectos destacados da autonomia da vontade na Lei de arbitragem brasileira (n. 9.307/1996) e na Convenção sobre Direito Material Aplicável aos Contratos Internacionais (CIDIP V – México/1994)

A **lei de arbitragem brasileira** (n. 9.307/1996[125]), seguindo as tendências mundiais[126] e alinhada ao direito vigente em diversos países que consagram a obrigatoriedade da cláusula arbitral, com conseqüência direta às relações jurídicas internacionais[127], surgiu para proporcionar à sociedade brasileira um novo meio para resolução de conflitos obrigacionais privados.

Araujo[128] define a arbitragem como

(...) um meio jurídico de solução de controvérsias presentes ou futuras, baseadas na vontade das partes envolvidas, as quais elegem

---

(125) Lei n. 9.307, de 23 de setembro de 1996, publicada no Diário Oficial da União em 24 de setembro de 1996.

(126) Estas tendências referem-se aos princípios para os contratos comerciais internacionais da UNIDROIT, bem como à *lex mercatoria* (nota 214). Esclarece-se que a UNIDROIT é um instituto para a unificação do direito privado, criado em 1926, pela Liga das Nações, com a finalidade de preparar gradualmente a adaptação, por diversos Estados, de uma legislação de direito civil uniforme, promovendo, também, estudos comparados de direito privado. Os princípios para os contratos comerciais internacionais da UNIDROIT, publicados em 1994, são textos que servem de referência não só para embasamento de convenções internacionais, mas também para serem utilizados como uma fonte pelos tribunais que precisam cuidar destas questões. Servem, ainda, como base de novas leis, para as partes que estão em tratativas de um novo contrato e necessitam estabelecer pontos de DIPr e adotar no contexto do pacto alguns destes princípios. Quando há cláusula arbitral, as partes também podem determinar a aplicação dos princípios da UNIDROIT para solucionar uma futura lide. Assim, os princípios da UNIDROIT contribuem para a criação de um novo *ius commune*. Cf. ARAUJO, Nadia. *Contratos internacionais*: autonomia da vontade, Mercosul e convenções internacionais, p. 139-140. A *lex mercatoria* é a expressão cosmopolita de um direito internacional uniforme supranacional, realizando-se independentemente daquele oriundo de uma única unidade política. Strenger definiu a *lex mercatoria* como "(...) um conjunto de procedimentos que possibilita adequadas soluções para as expectativas do comércio internacional, sem conexões necessárias com os sistemas nacionais e de forma juridicamente eficaz". STRENGER, Irineu. *Direito do comércio internacional e a* lex mercatoria. São Paulo: LTr, 1996. p. 78.

(127) Cf. ARAUJO, Nadia. *Contratos internacionais*: autonomia da vontade, Mercosul e convenções internacionais, p. 111.

(128) *Ibidem*, p. 109.

por si mesmas e diretamente, ou através de mecanismos por elas determinados, árbitros para serem os juízes da controvérsia, confiando-lhes a missão de decidir de forma obrigatória o litígio através da prolação de um laudo arbitral.

Como se percebe, a característica primordial da arbitragem é o respeito à autonomia da vontade das partes. Na Lei de arbitragem brasileira, esta característica é referendada pelo art. 2º, *verbis*:

> **Art. 2º.** A arbitragem poderá ser de direito ou de eqüidade, a critério das partes.
>
> **§ 1º.** Poderão as partes escolher, livremente, as regras de direito que serão aplicadas na arbitragem, desde que não haja violação aos bons costumes e à ordem pública.
>
> **§ 2º.** Poderão, também, as partes convencionar que a arbitragem se realize com base nos princípios gerais de direito, nos usos e costumes e nas regras internacionais do comércio.

À vista disso, permite-se às partes contratantes, na confecção de seus ajustes internacionais ou nacionais, a livre estipulação por meio da arbitragem, da lei que regerá seus pactos ou, ainda, a determinação para que a aplicação da arbitragem ocorra mediante os princípios gerais do direito, a eqüidade, os usos e costumes e as regras comerciais internacionais[129].

Portanto, no trato dos contratos nacionais e internacionais é preciso, segundo a lei de arbitragem brasileira, considerar-se conjuntamente três cláusulas: a) a cláusula arbitral[130]; b) a cláusula da lei aplicável[131] e; c) a cláusula de foro[132].

Neste tripé, pode-se afirmar que a Lei brasileira de arbitragem concede às partes contratantes a possibilidade de dispor acerca da lei aplicável ao seu contrato internacional. Esta eleição, no momento da solução de possíveis controvérsias, surge como uma verdadeira válvula de escape às partes envolvidas no litígio, pois atenua as preocupações advindas de respostas,

---

(129) Cf. ARAUJO, Nadia. *Contratos internacionais*: autonomia da vontade, Mercosul e convenções internacionais, p. 109.

(130) A cláusula arbitral "(...) possibilita a utilização de meio extrajudicial para dirimir os conflitos decorrentes do contrato". ARAUJO, Nadia. *Contratos internacionais*: autonomia da vontade, Mercosul e convenções internacionais, p. 110.

(131) A cláusula da lei aplicável "(...) determina qual a lei que será aplicável ao contrato (podendo ser utilizada a teoria da autonomia da vontade quando houver convenção arbitral)". ARAUJO, Nadia. *Contratos internacionais*: autonomia da vontade, Mercosul e convenções internacionais, p. 110.

(132) A cláusula de foro "(...) estipula o lugar onde a ação será proposta, ou a arbitragem será realizada". ARAUJO, Nadia. *Contratos internacionais*: autonomia da vontade, Mercosul e convenções internacionais, p. 110.

nem sempre adequadas, obtidas na justiça estatal, em que as partes não podem optar por uma lei neutra aplicável[133].

Apesar da Lei de arbitragem brasileira ser considerada um avanço na resolução de conflitos privados, não é utilizada em larga escala no país, ressalvando-se que, em matéria de contratos, há uma pequena progressão, com resultados satisfatórios[134].

Estas são algumas ponderações sobre a autonomia da vontade na Lei de arbitragem brasileira. Passa-se a examiná-la, neste momento, na CIDIP V.

Em 17 de março de 1994, no México, países integrantes da Organização dos Estados Americanos (OEA) reuniram-se na 5ª Conferência Especializada Interamericana sobre Direito Internacional Privado, convocada pela Assembléia geral da OEA.

Nesta conferência, concebeu-se a Convenção Interamericana sobre Direito Aplicável aos Contratos Internacionais (CIDIP V), que é apontada como uma importante saída para a problemática brasileira na aplicação da autonomia da vontade aos contratos internacionais, pois sugere regras justas à escolha do direito material a estes aplicável.

Este diploma permite às partes a eleição expressa ou tácita do direito (lei) aplicável ao contrato[135]. Frisa-se que esta escolha poderá referir-se à totalidade do ajuste ou a uma parte deste e que a possível eleição do foro pelos contratantes não implica, necessariamente, na escolha do direito aplicável. Por outro lado, caso as partes não tenham exercido a faculdade de escolha, regerá o contrato a lei com o qual possua vínculos mais estreitos[136]-[137].

---

(133) Cf. ARAUJO, Nadia. *Contratos internacionais*: autonomia da vontade, Mercosul e convenções internacionais, p. 111-112.

(134) *Ibidem*, p. 112-113.

(135) Cf. art. 7º da Convenção Interamericana sobre Direito Aplicável aos Contratos Internacionais, *verbis*: "Art. 7º. O contrato rege-se pelo direito escolhido pelas partes. O acordo das partes sobre esta escolha deve ser expresso ou, em caso de inexistência de acordo expresso, depreender-se de forma evidente da conduta das partes e das cláusulas contratuais, consideradas em seu conjunto. Essa escolha poderá referir-se à totalidade do contrato ou a uma parte do mesmo. A eleição de determinado foro pelas partes não implica necessariamente a escolha do direito aplicável".

(136) Cf. art. 9º da Convenção Interamericana sobre Direito Aplicável aos Contratos Internacionais, *verbis*: "Art. 9º. Não tendo as partes escolhido o direito aplicável, ou se a escolha do mesmo resultar ineficaz, o contrato reger-se-á pelo direito do Estado com o qual mantenha os vínculos mais estreitos. O tribunal levará em consideração todos os elementos objetivos e subjetivos que se depreendam do contrato, para determinar o direito do Estado com o qual mantém os vínculos mais estreitos. Levar-se-ão também em conta os princípios gerais do direito comercial internacional aceitos por organismos internacionais. Não obstante, se uma parte do contrato for separável do restante do contrato e mantiver conexão mais estreita com outro Estado, poder-se-á aplicar a esta parte do contrato, a título excepcional, a lei desse outro Estado".

(137) Cf. arts. 7º a 11 da Convenção Interamericana sobre Direito Aplicável aos Contratos Internacionais, realizada no México em 17 de março de 1994. Disponível em: <http//www.oas.org/ jurídico/portuguese/treaties/B-56.htm> Acesso em: 10.11.2003.

Esta convenção encontra-se em pleno vigor desde 1996, porém apenas para México e Venezuela. O Brasil, apesar de assiná-la, ainda não a ratificou, o que também acontece com os demais países do Mercosul.

Como bem destacou *Araujo*[138], se o Brasil ratificasse esta convenção, cessariam muitos problemas gerados pela confusa redação do art. 9º da Lei de Introdução ao Código Civil de 1942, permitindo que os contratantes elegessem qual direito irá regular seu contrato no caso de haver algum litígio, dependendo, de forma evidente, da conduta das partes e das cláusulas contratuais, consideradas em seu conjunto.

3.3.2 A autonomia da vontade nas regras de governança corporativa e em alguns julgados no Brasil

Outra importante tendência é o que se convencionou chamar de governança corporativa.

A governança corporativa[139] consiste nas práticas e nos relacionamentos entre os Acionistas/Cotistas, Conselho de Administração, Diretoria, Auditoria Independente e Conselho Fiscal, com a finalidade de otimizar o desempenho da empresa e facilitar o acesso ao capital.

A expressão é designada para abranger os assuntos relativos ao poder de controle e direção de uma empresa, bem como as diferentes formas e esferas de seu exercício e os diversos interesses que, de alguma forma, estão relacionados à vida das sociedades comerciais[140].

Para *Ruth Aguilera* e *George Yip*[141],

(...) os sistemas de governança corporativa variam de país para país e essas diferenças afetam diretamente tanto o processo de de-

---

(138) Cf. ARAUJO, Nadia. *A autonomia da vontade nos contratos internacionais*: situação no Brasil e no Mercosul. Disponível em: <http//www.femperj.org.br/artigos/cons/ac08.htm> p. 8. (nota 3). Acesso em: 10.11.2003.

(139) Estas regras de governança estão ultrapassando a esfera privada. Segundo Bento, esta importante tendência global influencia o conjunto teórico denominado *nova administração pública*, alimentando as várias iniciativas de reforma do Estado ao redor do mundo, destacando-se as perspectivas econômicas e políticas, progressistas e conservadoras acerca do contexto gerencial, pautadas nos fundamentos teóricos da governança gerencial e suas possibilidades, observando-se, ainda, os limites principiológicos gerencias responsáveis pelo fortalecimento da democracia e da politização da esfera pública. Cf. BENTO, Leonardo Valles. *Governança e governabilidade na reforma do Estado*: eficiência e democratização. Barueri: Manole, 2003. p. 81-141.

(140) Cf. Instituto Brasileiro de Governança Corporativa. Disponível em: <http//www.ibgc.org.br/ibConteudo.asp?IDArea=2> Acesso em: 10.11.2003.

(141) AGUILERA, Ruth; YIP, George. Estratégia global enfrenta restrições locais. *Valor Econômico* – encarte especial – Governança Corporativa. São Paulo, p. 4, 30 jun. 2005.

senvolvimento de estratégias globais como as estratégias que podem ser adotadas. (...) As decisões de estratégia global representam um teste muito difícil para a eficácia dos sistemas de governança corporativa porque buscam maximizar os lucros e a competitividade global, muitas vezes às custas, pelo menos no curto prazo, de alguns dos participantes da governança corporativa. Por definição uma estratégia global significa adotar uma visão global, e não de um único país. Isso pode ser difícil para alguns envolvidos que têm fortes laços com o país de origem da empresa. Além disso, alguns aspectos da estratégia global, particularmente a realocação de empregos para o exterior, representam sacrifícios reais para algumas partes, especialmente os funcionários.

A empresa que opta pelas boas práticas de governança corporativa adota, como linhas mestras, transparência, prestação de contas (*accountability*) e eqüidade.

Em resposta a este cenário, o movimento de governança corporativa, nascido e crescido, originalmente, nos Estados Unidos e na Inglaterra, ganhou força nos últimos dez anos e espalhou-se por muitos outros países.

No Brasil, os conselheiros profissionais e independentes começaram a surgir basicamente em resposta à necessidade de atrair capitais e fontes de financiamento para a atividade empresarial, o que foi acelerado pelo processo de globalização e pelas privatizações de empresas estatais no país.

Hoje, o mercado de capitais, as empresas, os investidores e a mídia especializada já utilizam habitualmente a expressão governança corporativa, mencionando e considerando as boas práticas de governança em sua estratégia de negócios.

Atualmente, diversos organismos e instituições internacionais priorizam a governança corporativa, relacionando-a a um ambiente institucional equilibrado, à política macroeconômica de boa qualidade e, assim, estimulando sua adoção em nível internacional.

Como se tratam, na maioria das vezes, de empresas transnacionais, em que se busca uma uniformização de padrões também na contratação internacional, o princípio da autonomia da vontade é constantemente observado na escolha do direito aplicado aos CIC.

Em nosso país, a governança corporativa vem sendo utilizada principalmente, pelas grandes empresas, muitas das vezes transnacionais, que têm sua sede administrativa em países em que a autonomia da vontade das partes é plenamente aplicável aos contratos internacionais.

A governança corporativa tem especial importância para os acionistas, clientes, funcionários e outros interessados que interagem com a empresa. Os seus mecanismos são "(...) parte necessária e vital do crescimento econômico e do funcionamento de um mercado de capitais líquido, (...) e do desempenho organizacional destas empresas"[142].

Assim, além de dar proteção geral aos acionistas e a outras partes interessadas, uma boa estrutura de governança deve resultar num melhor desempenho para a empresa[143].

O que se observa é que muitas empresas estão, de certo modo, bem posicionadas em seu meio de negócios, porém, quando necessitam ultrapassar fronteiras, enfrentam grandes dificuldades na adaptação deste novo e estranho ambiente.

Para competir no cenário global, a empresa necessita conhecer e respeitar inúmeras e diferentes regras de governança corporativa, porquanto as sanções e os prejuízos para quem as ignora podem ser rigorosos, o que poderá influir nos resultados e até na reputação da corporação.

Estas empresas (companhias transnacionais em geral), diante da confusa redação e interpretação do tema (autonomia da vontade na escolha do direito material aplicável aos contratos internacionais), estão enfrentando dificuldades para colocar em funcionamento as regras de governança corporativa, pois, quando da contratação internacional, não podem dispor livremente da sua vontade, ainda que respeitando as normas cogentes.

Demonstra-se, novamente, que a autonomia da vontade é de suma importância para o ordenamento pátrio, porém,

> (...) no estágio atual da legislação brasileira, a escolha da lei aplicável a um contrato internacional, nos moldes reconhecidos atualmente na comunidade internacional, não encontra amparo seguro na legislação vigente, pois ali não estão expressamente contemplados.[144]

A jurisprudência brasileira que trata da aplicação da autonomia da vontade, tanto do art. 13 da antiga LICC como do art. 9º da atual LICC, é muito escassa. Pode-se dizer que a autonomia da vontade nunca foi diretamente abordada pelos tribunais pátrios, quando dos julgamentos que evolvem contratos internacionais comerciais.

A questão vem sendo tratada indiretamente em demandas que versam, em especial, o cumprimento de contratos internacionais de compra e venda ou de transporte[145].

---

(142) LARCKER, David; RICHARDSON, Scott e TUNA, Irem. As classificações acirram o debate sobre a governança. *Valor Econômico* – encarte especial – Governança Corporativa. São Paulo, p. 7, 30 jun 2005.
(143) *Ibidem*, p. 9.
(144) ARAUJO, Nadia. *A autonomia da vontade nos contratos internacionais*: situação no Brasil e no Mercosul, p. 5.
(145) Idem. *Contratos internacionais*: autonomia da vontade, Mercosul e convenções internacionais, p. 114.

Na época da vigência da antiga LICC, segundo relata *Araújo*, o Supremo Tribunal Federal (STF), julgando alguns casos envolvendo DIPr e contratos internacionais, declarou nula a cláusula que remetia à justiça estrangeira o conhecimento de contratos celebrados e exeqüíveis no Brasil, por considerar aplicável a lei brasileira, com base no parágrafo único do art. 13 do aludido diploma legal[146].

A autora afirma que um dos raros estudos preocupados com a visão da jurisprudência no DIPr, de forma ordenada, é o de *Paul Griffith Garland*[147]. Este autor traz alguns exemplos de lides envolvendo contratos internacionais e alerta que, apesar da construção doutrinária brasileira reconhecer a aplicação da autonomia da vontade com base no art. 13 da antiga LICC, na maioria dos exemplos colacionados na sua obra e retirados da jurisprudência brasileira, pode-se verificar que os magistrados adotaram a lei nacional frente à estrangeira, justamente em razão das exceções contidas no parágrafo único do mencionado dispositivo[148].

Da mesma forma, sob a égide da atual LICC, o entendimento dos tribunais pátrios permanece praticamente inalterado. Observa-se que há utilização da *lex loci celebrationis* (art. 9º, § 1º), deixando de se fazer qualquer menção sobre a existência ou não da autonomia da vontade na escolha pelas partes da lei de regência do contrato sob discussão judicial.

Cita-se como exemplo uma das últimas decisões que analisou a matéria, correspondente ao Recurso Extraordinário (RE) n. 93.131 de Minas Gerais, julgado em 17 de dezembro de 1981, que teve como relator o Sr. Ministro Moreira Alves, apresentando como partes adversas o Banco do Brasil S/A e Soeicom S.A. – Sociedade de Empreendimentos Industriais, Comércio e Mineração (recorrentes) e Antônio Champalimud (recorrido).

Tratava-se de ação ordinária pela qual se objetivava a sub-rogação do recorrido (Antônio Champalimud – cidadão português residente, à época dos fatos, no Rio de Janeiro/RJ) em favor do crédito constante de contrato financeiro internacional (contrato de empréstimo), firmado em 1973, pela empresa recorrente (Soeicom) com um conglomerado de Bancos liderado pelo Bayersche Vereinsbank Internacional – Societê Anonyme, estabelecido em

---

(146) Cf. ARAUJO, Nadia. *Contratos internacionais*: autonomia da vontade, Mercosul e convenções internacionais, p. 114-115. Destaques esclarecedores na nota 111.

(147) GARLAND, Paul Griffith. *Americam-Brazilian Private Internacional Law*. New York: Oceana Publications, 1959. Esta referência encontra-se na nota 112 da obra: ARAUJO, Nadia. *Contratos internacionais*: autonomia da vontade, Mercosul e convenções internacionais, p. 115.

(148) ARAUJO, Nadia. *Contratos internacionais*: autonomia da vontade, Mercosul e convenções internacionais, p. 115-116.

Luxemburgo, tendo como objeto, originalmente, a quantia de U$ 14.000.000,00 (quatorze milhões de dólares americanos), dos quais foram sacados somente U$ 12.600.000,00 (doze milhões e seiscentos mil dólares americanos), destinados à aquisição de produtos e equipamentos para a instalação da fábrica de cimentos da firma Soeicom, na cidade de Vespasiano/MG, no Brasil.

Destaca-se que figurou como garantidor do negócio, ou fiador, como conceituado no direito pátrio, o estabelecimento bancário português denominado Banco Pinto Sotto Mayor, participando a firma de cimento portuguesa Empresa de Cimento Leiria, com sede em Lisboa/PT, como fiadora junto ao citado banco português, tendo, portanto, assumido definitivamente a condição de fiadora final e principal garantidora de todas as obrigações e encargos resultantes do empréstimo para a empresa Soeicom S.A.

O recorrido, Antônio, estando em plena execução o contrato de empréstimo e antes do início do prazo de resgate ou pagamento dos valores liberados à empresa Soeicom S.A., deu à fiadora final (Empresa de Cimento Leiria), em garantia do pleno cumprimento das obrigações por ela assumidas, 25.000 (vinte e cinco mil) ações de que era proprietário, do capital da própria Empresa de Cimento Leiria, conforme contrato internacional firmado em 07 de março de 1975, em Lisboa/PT.

Portanto, o que se pretendia na ação ordinária era a declaração, por sentença, de que o recorrido (Antônio) estivesse sub-rogado no crédito total contraído pela empresa Soeicom S.A. perante o conglomerado de bancos, tudo na forma como dispõe a lei portuguesa aplicável ao caso.

O juiz de primeira instância, levando em consideração o disposto no art. 9º da LICC, entendeu que se aplicava a lei portuguesa, a exemplo do Tribunal de Justiça do Estado de Minas Gerais, que concordou com a interpretação concedida pela autoridade monocrática.

No resumo do caso, o Ministro Moreira Alves, do STF, em seu voto, recorreu aos argumentos do acórdão impugnado, compreendendo que realmente era aplicável à lide *sub judice* o direito português. Também fundamentou sua posição no art. 9º da LICC, à consideração de que "(...) a recepção do direito estrangeiro o equiparava à lei federal", adotando nova interpretação ao direito português. Concedeu, desta maneira, provimento ao Recurso Extraordinário[149].

---

(149) Cf. BRASÍLIA. Supremo Tribunal Federal. (Segunda Turma). Recurso Extraordinário n. 93.131, Minas Gerais. Rel. Min. Moreira Alves. *Revista Trimestral de Jurisprudência*, DF, v. 101, p. 1149-1184.

Como se vê, o STF, neste julgado, tratou incidentalmente da autonomia da vontade, que restou afastada, porquanto não está em discussão no citado recurso o contrato celebrado em Londres, mas somente aquele ajustado em Portugal. Aplicou-se a lei brasileira frente à lei estrangeira que fora livremente escolhida pelas partes contratantes.

Na mesma esteira, cita-se o Recurso Especial (REsp) n. 498.835 de São Paulo, julgado no Superior Tribunal de Justiça (STJ) em 12 de abril de 2005, que teve como relatora a Ministra Nancy Andrighi, apresentando como partes adversas Vera Cruz Seguradora S/A (recorrente) e Bell Helicopter Textron Inc. (recorrida).

Neste caso, a recorrida, companhia fabricante de helicópteros sediada em país estrangeiro (EUA), lá celebrou contrato de arrendamento mercantil com empresa brasileira (Agropecuária JL), que contratou piloto para o transporte da aeronave (um helicóptero BELL, Modelo 407) arrendada dos EUA ao Brasil. Porém, em razão de defeito mecânico, o helicóptero veio a cair no litoral de Bahamas, próximo à Ilha de Santo André. Por sua vez, a companhia seguradora (Vera Cruz Seguradora S/A) contratada pela arrendatária, também sediada em solo nacional, cobriu os danos decorrentes do acidente aéreo e, então, propôs contra a arrendadora ação de regresso das importâncias oriundas da violação do contrato.

Diante disto, ao prosseguir o julgamento, a Terceira Turma do STJ firmou a competência da Justiça Brasileira para processar e julgar a ação, por entender que as obrigações decorrentes do contrato deveriam ser cumpridas em território brasileiro (arts. 9º e 12 da LICC e 88, II, do Código de Processo Civil - CPC), tais como o pagamento do aluguel, o exercício da posse, a manutenção e o registro da aeronave em órgão brasileiro.

A Ministra relatora anotou, ainda, que a competência, embora concorrente, não é afastada em razão de o contrato ter sido celebrado em solo estrangeiro, ou mesmo por ser lá domiciliada a arrendadora. Ressaltou, também, que é vedado às partes, por vontade expressa no contrato, dispor sobre esta competência. Outrossim, o Ministro Castro Filho, em seu voto-vista, esclareceu que a recorrida tem agente no Brasil, o qual, citado, compareceu em Juízo para responder ao processo[150].

Está demonstrando que a jurisprudência pátria também deixa a desejar, não trazendo maiores esclarecimentos para a elucidação da autonomia da vontade das partes na contratação internacional.

---

(150) Cf. BRASÍLIA. Superior Tribunal de Justiça. (Terceira Turma). Recurso Especial n. 498.835, São Paulo. Rel. Min. Nancy Andrighi. *Informativo de Jurisprudência STJ*, DF, n. 242, p. 2.

Araujo[151] alega que, nos casos pesquisados, está evidente a confusão da jurisprudência brasileira e o "(...) método conflitual clássico foi usado para determinar a lei aplicável, tendo os juízes entendido ser aplicável a lei brasileira ou a lei estrangeira, sem qualquer referência ao desejo das partes".

Desta forma, a autonomia da vontade não é absoluta, razão pela qual não podem as partes escolher livremente a legislação aplicável aos contratos internacionais, notadamente se esta opção violar as normas de ordem pública.[152]

---

(151) ARAUJO, Nadia. *A autonomia da vontade nos contratos internacionais*: situação no Brasil e no Mercosul, p. 5.

(152) Cf. LINHARES, Karla. *Aspectos destacados dos limites da autonomia da vontade na escolha da legislação aplicável aos contratos internacionais*, p. 393.

CONSIDERAÇÕES FINAIS

A complexidade das relações econômicas e sociais, decorrente da evolução do comércio ao longo dos tempos, tornou indispensável o manejo dos contratos, como instrumentos jurídicos regulamentadores dos negócios entre as partes interessadas.

Os intensos avanços na atividade internacional negocial representam, na atualidade, o principal motivador do crescimento das relações internacionais.

Observa-se, sob esta óptica, a influência decisiva que as empresas transnacionais desempenham no processo denominado globalização, intensificando a necessidade de serem elaborados meios mais rápidos e seguros para viabilizar a pretensão das partes integrantes destas relações.

A atual ordem econômica internacional, aperfeiçoando o contrato e adequando-o aos sistemas de Direito Internacional Privado, vem diminuindo as diferenças comerciais e aproximando os países desenvolvidos daqueles em desenvolvimento, justamente por uma gradativa igualdade nos termos das relações contratuais internacionais.

A interdependência econômica dos Estados traz à tona esta tendência que, relacionada ao processo de globalização, vem influenciando os países para criarem novos modelos econômicos, políticos e jurídicos que sejam adequados à realidade contemporânea, justamente para viabilizar e sustentar a contratação internacional.

Os contratos internacionais do comércio, desta forma, não estão sujeitos unicamente à regulamentação do Direito interno, pois a atividade comercial transcende fronteiras de diversos países e possibilita a interdependência econômica.

Muitos são os caminhos e as precauções a serem tomadas quanto à formulação destes ajustes, desde o encontro das partes, para a definição de objetivos primordiais, passando-se pela sua negociação, até a sua redação e assinatura.

Portanto, os contratos internacionais do comércio caracterizam-se, principalmente, pelo vínculo que possuem com um ou mais sistemas jurídicos, bem como pela vontade da lei, pelo domicílio das partes, pela nacionalidade dos contratantes, entre outros.

Importa ressaltar que a internacionalidade do contrato não está adstrita somente aos elementos estrangeiros presentes na relação jurídica, mas também aos importantes reflexos que determinam, como conseqüência, os mais variados intercâmbios entre Estados e pessoas em territórios distintos.

Logo, afirma-se que os contratos internacionais desenvolvem o intercâmbio de mercadorias, serviços e capitais entre partes pertencentes a diferentes países.

Porém, em razão da extraordinária multiplicação destes pactos, a contratação internacional sofre dificuldades e limitações, que devem ser observadas pelos integrantes das relações comerciais internacionais.

Relacionar e indicar previamente as alternativas, para, por exemplo, prevenir a ocorrência de lides, os entraves burocráticos, a penalização excessiva das partes e os atrasos na sua execução, não se revela uma tarefa fácil, ao contrário, complexa, porquanto se levam em conta a diversidade das formas contratuais existentes e as flutuações ocorridas na ordem econômica internacional, que repercutem nos ordenamentos jurídicos estatais e, em conseqüência, na execução dos ajustes.

Uma das dificuldades diz respeito às barreiras burocráticas que são impostas aos produtos sujeitos ao comércio internacional, tais como: a demora excessiva na tramitação dos procedimentos administrativos, os entraves burocráticos criados nos processos de exportação e importação, o controle de fronteiras, a falta de informação das autoridades responsáveis, a ausência de regras claras relacionadas ao assunto e a limitação na divulgação de procedimentos.

Há, ainda, a questão da diferença cultural existente em diversos sistemas jurídicos, bem como os custos elevados no transporte de produtos comercializados para países distantes.

Neste complexo conjunto de exigências a serem observadas na contratação internacional, torna-se indispensável, pelos contratantes e operadores do comércio internacional, a análise do objeto do contrato, dos canais distribuidores, das condições de pagamento, das garantias contratuais, dos prazos, das cláusulas de foro, de arbitragem e de lei aplicável, bem como o idioma a ser utilizado no pacto.

Apesar dos incontáveis obstáculos a que são submetidos os comerciantes internacionais, diversas são as técnicas e alternativas por eles utilizadas para facilitar as relações comerciais internacionais.

O contrato revela ser o instrumento que fornece maior segurança para os negócios, devendo vir acompanhado da inserção de cláusulas, isto porque são múltiplas as interferências que afetarão a performance contratual e, neste processo, as cláusulas situam-se como verdadeiros alicerces de sustentação, sedimentando os critérios para a interpretação contratual.

Apesar das alternativas adotadas na contratação internacional, há, ainda, alguns limites a ela impostos, quais sejam, a teoria do *proper law*, os elementos de conexão, a escolha da lei aplicável e o princípio da autonomia da vontade.

O aludido princípio é, em linhas gerais, aquele em que as partes contratantes recorrem de sua vontade autônoma, para previamente definir a lei aplicável conforme a pretensão declarada por ocasião da celebração do contrato.

Durante toda a história, a humanidade vem assistindo a diversas mudanças nos variados ramos das ciências. A autonomia da vontade, portanto, prossegue, enfrentando tais alterações, que podem ser sentidas mais intensamente a partir da metade do século XX, onde se nota uma profunda modificação do tecido social, que ocasiona transformações de paradigmas, com o aumento da civilização de massa e o avanço da globalização.

As origens histórico-filosóficas da autonomia da vontade ocorreram inicialmente, com a Lei das XII tábuas, que concedeu sustentáculo à lei privada, baseada nos negócios privados.

O princípio da autonomia segue sua trajetória pautado pelos desdobramentos do Direito Canônico, passando pela hipótese levantada por *Grotius*, que o dissociou da religião, prescindindo do papel constituinte de Deus na formação de um direito do gênero humano. Desta forma, os ajustes deveriam ser cumpridos fielmente, correspondendo à manifestação de vontade dos indivíduos pactuantes, ainda que o resultado não seja aquele por estes esperado.

Neste ínterim, fundado pelo não intervencionismo do Estado na vida econômica dos particulares, solidifica-se a idéia de que o indivíduo tem autonomia para gerir seus próprios interesses por meio dos contratos, devendo suportar as responsabilidades daí resultantes.

Em resumo, frente a este novo quadro mercantil, restou indispensável a participação de grande parte da sociedade nas transações comerciais, como condição para a sua preservação e o seu crescimento, com reflexos diretos nas diretrizes de mercado e no reconhecimento do Direito Internacional Público e Privado.

Contudo, o processo de globalização e o neoliberalismo acabaram por produzir lacunas e mazelas em decorrência do redesenhamento do mapa do mundo, sem a preocupação com realidades etnoculturais, ocasionando inevitáveis servidões de países menos favorecidos.

O crescimento destas sociedades hipossuficientes ocasionou um substancial declínio na aplicação da autonomia da vontade, que tem especial importância no percurso da história e vem determinando implicações práticas no Direito obrigacional internacional.

O estudo do mencionado princípio passa pela compreensão da vontade, caracterizada, segundo *Descartes*, por um fenômeno do intelecto e marcada pela semelhança do ser humano, no uso de suas faculdades racionais, com Deus, notando-se um conflito entre duas tendências que têm por objeto o fim da ação.

Na essência, a vontade apresenta-se com a função de reduzir o aumento do processo pelo qual o homem está dotado de natural mobilidade, buscando conceder uma direção à vida. A autonomia desta vontade não pode ser compreendida em sentido estrito, precisa estar relacionada a um dever e, também, a um exercício efetivo do comportamento humano.

Destarte, a autonomia da vontade, como princípio, manifesta-se pelos seguintes aspectos: a faculdade de contratar e não contratar; a liberdade de escolha da pessoa com quem contratar; a liberdade de fixar o conteúdo do contrato e de optar pela norma aplicável, lançando cláusulas, simplesmente pela livre conveniência dos contratantes.

Esta autonomia da vontade também enfrenta limitações, impostas pelas normas de ordem pública e as imperativas.

Por normas de ordem pública, entende-se como o conjunto de direitos e princípios, cuja obediência o Estado impõe, para que haja harmonia entre este e os indivíduos, no intuito de assegurar interesses substanciais da sociedade deste país. Há o desvio do contrato de seu leito natural, conduzindo-o a vedações que não podem ser revogadas ou modificadas pelas partes.

As normas imperativas, por sua vez, ditam regras, no sentido de que se faça algo, como dever de conduta de cada indivíduo restringindo a liberdade do agente e limitando as suas ações, especialmente a dos contratantes, que devem observá-las quanto à opção da lei aplicável aos seus contratos internacionais comerciais.

Logo, em matéria de contratos internacionais comerciais, faculta-se às partes a negociação dos direitos não expressos nestas normas, que serão analisados quando do surgimento e da apreciação de eventuais problemas na definição da lei aplicável a estes ajustes.

Diante de uma ordem jurídica ainda não perfeitamente delimitada, os operadores do comércio internacional têm que recorrer a grande variedade de meios alternativos existentes na contratação internacional, para suprir algumas das carências provenientes de incertezas sobrevindas das alterações econômicas a que estão submetidos. Desta forma, resta evidente a importância do conhecimento e manejo da lei que irá regulamentar o contrato sujeito a algum tipo de contratempo ou, até mesmo, a um litígio.

A autonomia da vontade tem relevante papel neste momento, porquanto as partes contratantes podem eleger a lei que será aplicável ao seu contrato internacional comercial, caso este tenha alguma pendência jurídica.

Contudo, o princípio da autonomia da vontade não pode ser considerado fonte de direito original, afastado completamente de uma ordem jurídica estatal. Também não é uma regra de Direito Internacional Privado, pois a lei do foro de cada país decidirá a sua aplicação como elemento de conexão.

Importante destacar que as cláusulas de eleição de foro e de lei aplicável não se confundem no âmbito das relações comerciais internacionais. Permite-se às partes contratantes a escolha de um determinado foro competente para discutir o litígio, bem como, a utilização, neste foro indicado, de norma de terceiro país, a fim de reger o contrato internacional comercial.

Havendo a indicação da lei aplicável, e sendo ela válida, o magistrado deverá adotá-la ao caso em discussão. Por outro lado, não eleita a norma pelos contratantes, o procedimento do juiz será outro, aplicando o Direito do país onde esteja judicando.

No ordenamento pátrio, a autonomia da vontade já foi considerada permitida pela interpretação do art. 13 da antiga Lei de Introdução ao Código Civil (n. 3.071, de 1º de janeiro de 1916). Porém, com a atual Lei de Introdução ao Código Civil (Decreto-lei n. 4.657, de 04 de setembro de 1942) em seu art. 9º criou-se uma discussão acerca da manutenção e da aplicação do princípio da autonomia da vontade. Este fato explica-se pela supressão da expressão "salvo estipulação em contrário" constante na redação antiga do art. 13 supracitado, fazendo com que muitos operadores do Direito interpretassem, como vontade do legislador, a eliminação da possibilidade da aplicação da autonomia da vontade e outros não.

Como se observa, não é vedada a utilização da autonomia da vontade na determinação da lei aplicável aos contratos internacionais comerciais, pois inexiste no art. 9º da LICC/1942 proibição expressa ao seu manejo, ou seja, de forma indireta pode ser aplicada no Brasil.

No âmbito do Mercosul existem regras sobre a escolha da jurisdição contenciosa internacional relativa aos contratos internacionais de natureza civil ou comercial celebrados entre particulares, pessoas físicas ou jurídicas, exaltando-se o princípio da autonomia da vontade das partes na eleição da jurisdição decorrente do contrato, disposta no Protocolo de Buenos Aires sobre Jurisdição Internacional em Matéria Contratual.

Na Lei de arbitragem brasileira (n. 9.307/1996), seguindo as tendências mundiais, permite-se às partes contratantes, na confecção de seus contratos, a livre estipulação pela arbitragem, da lei que regerá o pacto ou, ainda, a determinação para que a aplicação ocorra mediante os princípios gerais do direito, da eqüidade, dos usos e costumes e das regras comerciais internacionais.

Atualmente, tem-se a expressão denominada governança corporativa, a qual abrange os assuntos relativos ao poder de controle e direção de uma empresa, na maioria das vezes transnacionais, que buscam, por meio destas diretrizes, a uniformização de padrões também na contratação internacional, observando, como conseqüência, a aplicação da autonomia da vontade na escolha da lei aplicável aos seus contratos internacionais comerciais.

A jurisprudência brasileira que trata da aplicação da autonomia da vontade é muito escassa. Pode-se dizer que nunca foi diretamente considerada pelos tribunais pátrios, quando dos julgamentos referentes a contratos internacionais comerciais.

Assim, a utilização da autonomia da vontade na definição do direito material aplicável aos contratos internacionais não é absoluta no Brasil, razão pela qual as partes contratantes não podem dispor livremente da lei de regência de seus pactos, a partir do momento em que esta escolha viole as normas de ordem pública e as imperativas.

REFERÊNCIAS

AGOSTINHO, Santo. *Confissões de magistro*. 4. ed. Trad. de J. Oliveira Santos e A. Ambrósio de Pina. São Paulo: Nova Cultural, 1987. (Os pensadores).

AGUILERA, Ruth; YIP, George. Estratégia global enfrenta restrições locais. *Valor Econômico* – encarte especial – Governança Corporativa. São Paulo, p. 4-6, 30 jun 2005.

ALMEIDA, Paulo Roberto de. *Os primeiros anos do século XXI:* o Brasil e as relações Internacionais contemporâneas. São Paulo: Paz e Terra, 2002.

ALONSO, Ramón Silva. *Derecho internacional privado*: teoría general, derecho civil internacional e derecho comercial internacional. 5. ed. actualizada y aumentada. 2. tiragem. Asunción: Intercontinental, 2002.

AMARAL NETO, Francisco dos Santos. A autonomia privada como poder jurídico. In: *Estudos em homenagem ao professor Caio Mário da Silva Pereira*. Forense: Rio de Janeiro, 1994.

ANDRADE, Agenor Pereira. *Manual de direito internacional privado*. 6. ed. rev. e atual. São Paulo: Sugestões Literárias, 1987.

AQUINO, Santo Tomás de; ALIGHIERI, Dante. *Seleção de textos*. Trad. de Luiz João Baraúna *et al.* São Paulo: Nova Cultural, 1988. (Os pensadores).

ARAUJO, Nádia. *A autonomia da vontade nos contratos internacionais*: situação no Brasil e no Mercosul. Disponível em: <http//www.femperj.org.br/artigos/cons/ ac08.htm>. Nota de fim n. 3. p. 1-8. Acesso em: 28. nov. 2003.

_____. *Contratos internacionais*: autonomia da vontade, Mercosul e convenções internacionais. 2. ed. Rio de Janeiro: Renovar, 2000.

_____. *Direito internacional privado*: teoria e prática brasileira. Rio de Janeiro: Renovar, 2003.

BAPTISTA, Luiz Olavo. *Dos contratos internacionais*: uma visão teórica e prática. São Paulo: Saraiva, 1994.

BASSO, Maristela. *Contratos internacionais do comércio*: negociação, conclusão e prática. 3. ed. rev. e atual. Porto Alegre: Livraria do Advogado, 2002.

BASTOS, Celso Ribeiro; KISS, Eduardo Amaral Gurgel. *Contratos internacionais.* São Paulo: Saraiva, 1990.

BENAYON, Adriano. *Globalização versus desenvolvimento*: o jogo das empresas transnacionais – ETNs – e a periferização por meio de investimentos diretos estrangeiros – IDEs. Brasília: LGE, 1998.

BENTHAM, Jeremy. *Uma introdução aos princípios da moral e da legislação.* Trad. de Luiz João Baraúna. São Paulo: Nova Cultural, 1989. (Os pensadores).

BENTO, Leonardo Valles. *Governança e governabilidade na reforma do Estado*: eficiência e democratização. Barueri: Manole, 2003.

BEVILÁQUA, Clóvis. *Princípios elementares de direito internacional privado.* 3. ed. Rio de Janeiro: Freitas Bastos. 1938.

BIZELLI, João dos Santos (Coord.). *INCOTERMS* 2000: regras oficiais da ICC para a interpretação de termos comerciais. Trad. Elisangela Batista Nogueira e Samir Keedi. São Paulo: Aduaneiras, 2000.

BOBBIO, Norberto. *Teoria do ordenamento jurídico.* Trad. de Maria Celeste Cordeiro Leite dos Santos. 10. ed. Brasília: Editora Universidade de Brasília, 1999.

_____; MATTEUCCI, Nicola e PASQUINO, Gianfranco. *Dicionário de política.* Trad. de Carmem C. Varriale *et al.* v. 2. 12. ed. Brasília: Editora Universidade de Brasília, 2004.

BOGGIANO, Antonio. *Contratos internacionales.* 2. ed. Buenos Aires: Depalma, 1995.

_____. *Curso de derecho internacional privado.* Buenos Aires: Abeledo-Perrot, 1994.

BRASIL. *Código Civil.* Lei n. 3.071, de 1º .1.1916. 50. ed. São Paulo: Saraiva, 1999.

_____. Lei de Introdução ao Código Civil, (Decreto-lei nº 4.657, de 4.9.1942). *Código Civil.* Lei n. 3.071, de 1.1.1916. 50. ed. São Paulo: Saraiva, 1999.

BRASÍLIA. Superior Tribunal de Justiça. (Terceira Turma). Recurso Especial n. 498.835, São Paulo. Rel. Min. Nancy Andrighi. *Informativo de Jurisprudência STJ*, DF, n. 242.

_____. Supremo Tribunal Federal. (Segunda Turma). Recurso Extraordinário n. 93.131, Minas Gerais. Rel. Min. Moreira Alves. *Revista Trimestral de Jurisprudência*, DF, v. 101.

_____. Supremo Tribunal Federal. Sentença Estrangeira n. 1.023, Suíça. Rel. Min. Orozimbo Nonato. *Revista dos Tribunais*, SP, a. 148, p. 771-776, março. 1944.

CASTRO, Amílcar de. *Direito internacional privado.* Rio de Janeiro: Forense, 1956.

COELHO, Fábio Ulhoa. *Manual de direito comercial.* 4. ed. rev. atual. e aum. São Paulo: Saraiva, 1992.

COLZANI, Valdir Francisco. *Guia para redação do trabalho científico.* 2. ed. Curitiba: Juruá, 2003.

CONVENÇÃO Interamericana sobre Direito Aplicável aos Contratos Internacionais: realizada no México em 17 de março de 1994. Disponível em: http//www. oas.org/ jurídico/portuguese/treaties/B-56.htm p. 1-6. Acesso em: 10. nov. 2003.

CRUZ, Paulo Márcio. *Fundamentos de direito constitucional.* Curitiba: Juruá, 2001.

DESCARTES, René. *Discurso do Método; As paixões da alma.* Trad. de J. Guinsburg e Bento Prado Júnior. 4. ed. São Paulo: Nova Cultural, 1987. (Os pensadores).

_____. *Meditações; objeções e respostas cartas.* Trad. de J. Guinsburg e Bento Prado Júnior. 4. ed. São Paulo: Nova Cultural, 1987-1988. (Os pensadores).

DINIZ, Maria Helena. *Compêndio de introdução à ciência do direito.* 13. ed. São Paulo: Saraiva, 2001.

_____. *Curso de direito civil brasileiro:* teoria das obrigações contratuais e extracontratuais. v. 3. 12. ed. rev. São Paulo: Saraiva, 1997.

_____, Maria Helena. *Lei de introdução ao código civil brasileiro interpretada.* 2. ed. atual. e aum. São Paulo: Saraiva, 1996.

_____. Maria Helena. *Conceito de norma jurídica como problema de essência.* 3. ed. São Paulo: Saraiva, 1999.

DOLINGER, Jacob. *Direito internacional privado:* parte geral. 6. ed. ampl. e atual. Rio de Janeiro: Renovar, 2001.

Enciclopédia Koogan-Houaiss digital, 2004.

ENZWEILER, Romano José. *Os desafios de tributar na era da globalização.* Florianópolis: Diploma Legal, 2000.

FERRAZ JÚNIOR, Tércio Sampaio. *Introdução ao estudo do direito:* técnica, decisão, dominação. 2. ed. São Paulo: Atlas, 1996.

FERRAZ, Daniel Amin. *Joint venture e contratos internacionais.* Belo Horizonte: Mandamentos, 2001.

FRANÇA, Rubens Limongi. Contrato. In: *Enciclopédia Saraiva do Direito.* v. 19. São Paulo: Saraiva, 1977.

FRANCESCHINI, Luis Fernando; WACHOWICZ, Marcos. (Coord.) *Direito internacional privado:* negócios internacionais, contratos, tecnologia. Curitiba: Juruá, 2001.

FREIRE, J. Renato Corrêa; CASELLA, Paulo Borba. *Contratos financeiros internacionais.* São Paulo: RT, 1994.

FRIEDRICH, Tatyana Scheila; ANDRADE, Isabela Piacentini. Lei aplicável a contratos internacionais no Mercosul. In: *Revista Brasileira de Direito Internacional.* Curitiba, p. 39-51. v.2, n. 2, jul./dez.2005.

GAGLIANO, Pablo Stolze e PAMPLONA FILHO, Rodolfo. *Novo curso de direito civil*: parte geral. vol. I. São Paulo: Saraiva, 2002.

GALVÃO, Marcos Bezerra Abbott. Globalização e exclusão social. In: *Encontro Nacional dos Estudantes de Relações Internacionais*. 5, 2000, São Paulo.

GARCEZ, José Maria Rossani. *Contratos internacionais comerciais*: planejamento, negociação, solução de conflitos, cláusulas especiais e convenções internacionais. São Paulo: Saraiva, 1994.

GARCIA JÚNIOR, Armando Álvares. *Jurisdição internacional em matéria contratual no Mercosul*. São Paulo: Aduaneiras, 2004.

_____. *Lei aplicável aos contratos internacionais*. 2. ed. São Paulo: Aduaneiras, 2004.

GOMES, Orlando. *Contratos*. 17. ed. Rio de Janeiro: Forense, 1997.

GRANZIERA, Maria Luiza Machado. *Contratos internacionais*: negociação e renegociação. São Paulo: Ícone, 1993.

GROTIUS, Hugo. *O direito da guerra e da paz*. v. 1. Trad. Ciro Mioranza. Ijuí: Editora Unijuí, 2004.

HOBBES, Thomas. *Leviatã*. Trad. de João Paulo Monteiro e Maria Beatriz Nizza da Silva. 4.ed. São Paulo: Nova Cultural, 1988. (Os pensadores).

HUBERMAN, Leo. *História da riqueza do homem*. Trad. de Waltensir Dutra. 21. ed. rev. Rio de Janeiro: Guanabara, 1986.

IANNI, Octavio. *A sociedade global*. 4. ed. Rio de Janeiro: Civilização Brasileira, 1991.

Instituto Brasileiro de Governança Corporativa. Disponível em: <http//www.ibgc. org.br/ibConteudo.asp?IDArea=2> Acesso em: 10.11.2003.

KANT, Immanuel. *Crítica da razão pura*. Trad. de Valério Rohden e Udo Baldur Moosburger. 3. ed. São Paulo: Nova Cultural, 1987. (Os pensadores).

KOOGAN, Abrahão; HOUAISS, Antônio. *Enciclopédia e dicionário ilustrado*. Rio de Janeiro: Delta, 1995.

KRIEGER, César Amorim. *Direito internacional humanitário*: o precedente do Comitê Internacional da Cruz Vermelha e o Tribunal Penal Internacional. Curitiba: Juruá, 2004.

LARCKER, David; RICHARDSON, Scott e TUNA, Irem. As classificações acirram o debate sobre a governança. *Valor Econômico* – encarte especial – Governança Corporativa. São Paulo, p. 7-9, 30 jun 2005.

LESGUILLONS, Henry. *As garantias bancárias nos contratos internacionais*. São Paulo: Saraiva, 1985.

LINHARES, Karla. *A ordem pública e as normas imperativas como limites à autonomia da vontade nos contratos internacionais*. Monografia (trabalho de conclusão de curso) – Curso de Direito, Universidade do Vale do Itajaí (UNIVALI), Biguaçu, 2001.

LÔBO, Paulo Luiz Neto. *Condições gerais dos contratos e cláusulas abusivas*. São Paulo: Saraiva, 1991.

LOCKE, Jonh. *Ensaio acerca do entendimento humano*. Trad. de Anoar Aiex. São Paulo: Nova Cultural, 1988. (Os pensadores).

LOPES, Miguel Maria de Serpa. *Curso de direito civil:* fontes das obrigações: contratos. v. 3. 4. ed. rev. e atual. Rio de Janeiro: Freitas Bastos, 1991.

MAGNOLI, Demétrio. *Questões internacionais contemporâneas*. 2. ed. rev. e atual. Brasília: FUNAG, 2000.

MARX, Karl. *Manuscritos econômicos e filosóficos e outros textos escolhidos*. Trad. de José Carlos Bruni *et al*. 4. ed. São Paulo: Nova Cultural, 1987. (Os pensadores).

MELO, Jairo Silva. *Contratos internacionais comerciais e cláusulas* hardship. São Paulo: Aduaneiras. 2000.

MERCOSUL: Legislação e textos básicos. 3. ed. Senado Federal: Brasília, 2000.

MILL, Jonh Stuart. *Sistema de lógica dedutiva e indutiva*. Trad. de João Marcos Coelho. São Paulo: Nova Cultural, 1989 (Os pensadores).

MINISTÉRIO DAS RELAÇÕES EXTERIORES: denominações dos atos internacionais. Disponível em: <http//www.mre.gov.br> Acesso em: 10.03.2007.

MONTEIRO, Washington de Barros. *Curso de direito civil*: direito das obrigações. v. 5. 31. ed. rev. e atual. São Paulo: Saraiva, 1999.

MOTAIGNE, Michel de. *Ensaios*. Trad. de Sérgio Milliet. 4. ed. São Paulo: Nova cultural, 1987 (Os pensadores).

NEGRÃO, Theotonio; GOUVÊA, José Roberto Ferreira. *Código civil e legislação em vigor*. 23. ed. atual. São Paulo: Saraiva, 2004.

NORONHA, Fernando. *O direito dos contratos e seus princípios fundamentais*: autonomia privada, boa-fé, justiça contratual. São Paulo: Saraiva, 1994.

OCKHAM, William. *Seleção de obras*. Trad. de Carlos Lopes de Mattos. São Paulo: Nova Cultural, 1989. (Os pensadores).

OLIVEIRA, Olga Maria Boshi Aguiar de. *Monografia jurídica*: orientações para o trabalho de conclusão de curso. Porto Alegre: Síntese, 1999.

PABST, Haroldo. *Direito comercial internacional*: contratos internacionais. Prelo. Blumenau: Fundação Universidade Regional de Blumenau (FURB), 2000.

_____. *Mercosul:* direito da integração. Rio de Janeiro: Forense, 1997.

PACÍFICO, Adrea Pacheco. *Os tratados internacionais e o direito constitucional brasileiro.* Brasília: Brasília Jurídica, 2002.

PIMENTEL, Luiz Otávio. (Org.). *Direito da integração e relações internacionais*: ALCA, MERCOSUL e UE. Florianópolis: Fundação Boiteux, 2001.

PONTES DE MIRANDA, *Tratado de direito privado.* São Paulo: RT, 1984.

PRADO, Maurício Curvelo de Almeida. *Contrato internacional de transferência de tecnologia:* patente e *know-how.* Porto Alegre: Livraria do Advogado, 1997.

REALE, Miguel. *Filosofia do direito.* 20. ed. São Paulo: Saraiva, 2002.

RECHSTEINER, Beat Walter. *Direito internacional privado*: teoria e prática. 4. ed. rev. e atual. São Paulo: Saraiva, 2000.

REQUIÃO, Rubens. *Curso de direito comercial.* v. 1. 13. ed. São Paulo: Saraiva, 1982.

REZEK, José Francisco. *Direito internacional público.* 2. ed. São Paulo: Saraiva, 1991.

RÍOS, Aníbal Sierralta, BAPTISTA, Luiz Olavo. *Aspectos jurídicos del comercio internacional.* Lima: Editorial de la Academia Diplomática del Peru, 1992.

RIPERT, Georges. *A regra da moral nas obrigações civis.* Trad. de Osório de Oliveira. Campinas: Bookseller, 2000.

ROCHA, Valdir de Oliveira. (Coord.) *Grandes questões atuais de direito tributário.* São Paulo: Dialética, 2006.

RODAS, João Grandino (Coord.). *Contratos internacionais.* 2. ed. rev. e ampl. São Paulo: RT, 1995.

ROQUE, Sebastião José. *Direito internacional privado.* Rio de Janeiro: Forense, 1991.

ROUSSEAU, Jean Jacques. *Do contrato social:* ensaios sobre as origens das línguas. Trad. de Lourdes Santos Machado. 4. ed. São Paulo: Nova Cultural, 1987. (Os pensadores).

SAMPAIO, Rogério Marrone de Castro. *Direito civil:* contratos. São Paulo: Atlas, 1999.

SANTOS, Eduardo Sens dos. *A função social do contrato.* Florianópolis: OAB/SC Editora, 2004.

SANTOS, José Alexandre Rangel dos. *Contratos internacionais do comércio.* Campinas, SP: Copola Livros, 1997.

SCOT, Jonh Duns. *Escritos filosóficos.* Trad. e notas de Carlos Arthur Nascimento e Raimundo Vier. São Paulo: Nova Cultural, 1989. (Os pensadores).

SILVA, Diana de Lima; PASSOS, Edésio. (Coord.) *Impactos da globalização:* relações de trabalho e sindicalismo na América e Europa. São Paulo: LTr, 2001.

STRENGER, Irineu. *Contratos internacionais do comércio.* 3. ed. rev. e ampl. São Paulo: LTr, 1998.

_____. *Da autonomia da vontade:* direito interno e internacional. 2. ed. São Paulo: LTr, 2000.

_____. *Direito do comércio internacional e a* lex mercatoria. São Paulo: LTr, 1996.

THEODORO JÚNIOR, Humberto. *O contrato e seus princípios.* Rio de Janeiro: Aide, 1993.

VALLADÃO, Haroldo. *Direito internacional privado.* v. 1. 5. ed. Rio de Janeiro, 1973.

VENTURA, Luiz Henrique. *Contratos internacionais empresariais.* Belo Horizonte: Del Rey, 2002.

XAVIER, Alberto; MARTINS, Ives Gandra da Silva. (Coord.). *Estudos jurídicos sobre o investimento internacional.* São Paulo: RT, 1980.

Produção Gráfica e Editoração Eletrônica: **FAMA Editora**
Capa: **Eliana C. Costa**
Impressão: **HR Gráfica e Editora**